# 뚝배기 속의
# 사랑 한가득

# 뚝배기 속의
# 사랑 한가득

**초판 1쇄 발행** 2023년 10월 10일

| | |
|---|---|
| 지 은 이 | 황보근수 |
| 발 행 인 | 권선복 |
| 편  집 | 황보현 |
| 삽  화 | 이인선 |
| 디 자 인 | 김소영 |
| 전 자 책 | 서보미 |
| 마 케 팅 | 권보송 |
| 발 행 처 | 도서출판 행복에너지 |
| 출판등록 | 제315-2011-000035호 |
| 주  소 | (157-010) 서울특별시 강서구 화곡로 232 |
| 전  화 | 0505-613-6133 |
| 팩  스 | 0303-0799-1560 |
| 홈페이지 | www.happybook.or.kr |
| 이 메 일 | ksbdata@daum.net |

값 20,000원

ISBN 979-11-92486-98-7 (13320)

Copyright ⓒ 황보근수, 2023

도서출판 행복에너지는 독자 여러분의 아이디어와 원고 투고를 기다립니다. 책으로 만들기를 원하는
콘텐츠가 있으신 분은 이메일이나 홈페이지를 통해 간단한 기획서와 기획의도, 연락처 등을 보내주십
시오. 행복에너지의 문은 언제나 활짝 열려 있습니다.

# 뚝배기 속의
# 사랑 한가득

황보근수 지음

식당 경영이 어렵다고요?
여기 비단주머니가 있습니다.

도서
출판 행복에너지

## 들어가며

　2013년 6월 10일 식당 개업을 했으니 이제 만 10년이 되었습니다.

　식당 경영에 대한 아무런 지식도 없고 단 하루 알바 경험도 없이, 게다가 환갑, 진갑 다 지난 65세에 가진 밑천 탈탈 털어 마치 노름하듯 식당을 하겠다 하여 주위에서 나를 바라보는 시선이 '엉뚱한 괴짜 늙은이'였으니 얼마나 한심해 보였겠습니까. 마치 수영도 못 하면서 풍랑 치는 바다에 덤벙 뛰어드는 격이었으니까요. 그러나 살기 위해 어푸어푸 물을 먹어가며 손발을 마구잡이로 휘젓다 보니 폼 안 나는 개헤엄이나마 몸이 뜨고 앞으로 조금씩 나아가다 결국엔 살아 돌아왔네요.

　고생은 이루 말할 수 없었지만 다 자업자득, 저의 업보니 어쩌겠어요. 그러나 점차 식당이 자리 잡히고 손님이 눈에 띄게 늘어나고 통장 잔고가 불어나는 재미에 세월 가는 줄 모르고 지내다 보니 어언 10년의 세월이 흘렀습니다.

당시 저의 롤모델은 현대그룹 신화를 창조한 고 정주영 회장님이었습니다.

"사내 자식이 불알 차고 식당 하나 성공 못 시키면 말이 되나. 정주영이는 맨주먹으로 저 거대한 현대 왕국을 건설했는데—"

말도 안 되는 치기였지만 그래도 연 매상 10억이면 제 나이에 멋모르고 한 거 치고는 작은 성공은 거둔 거 아닌가요? 그간 시행착오도 숱하게 했고, 세상 공부도 몸으로 부딪히며 많이도 했고요, 자연 장사에 대한 근력도 어느 정도 생겼다고 자부합니다.

이제 이 이론적 지식과 몸으로 부딪치며 겪은 경험을 나 혼자만이 간수하다 식당을 접을 때 같이 사장 시키기에는 너무 아깝다는 생각이 들기 시작했습니다.

제가 경험한 10년 동안에 자영업 환경이 너무나 안 좋게 변했습니다. 물론 코로나가 치명적 영향을 미쳤겠지만 숱한 가게가 망해 나가며 쓸쓸히 퇴장하는 현장을 지켜보며 정말 남의 일 같지 않았습니다. 안타까웠지요.

다들 열심히는 했는데 왜 그리들 망할까요?

경제학적 용어인 수요와 공급의 불일치는 우리 힘으로 되는 게 아니라 일단 제쳐놓고요, 다음은 경기가 안 좋아서요? 장사하는 사람이 경기가 좋아서 잘된다고 한 적이 언제 있기나 했나요?

문제는 경쟁은 치열한데 아무나 덤벼들고, 무턱대고 뛰어들고, 장사가 뭔지도 모른 채, 특히 음식 장사를 장사 중에서도 유독 만만하게 우습게 보는 경시 풍조 때문이 아닐까 싶네요. 기업을 경영하나 작은 가게를 경영하나 경영의 본질은 같은데 작은 가게는 경영이라는 개념을 무시해도, 아무나 해도, 대충 해도, 적당히 꾸려 나갈 수 있지 않나 하는-.

그래요, 이왕 겁 없이, 모른 채 이 장사의 세계에 발을 내디뎠다 칩시다. 그럼 지금부터라도 살기 위해서라도 전열을 가다듬고 기초부터 다시 장사의 기술을 배워야지요.

저는 진짜 음식 장사에 대해 무지막지한 채 단지 절박감과 열정만으로 이날 이때까지 이겨냈는데요, 만일 음식 장사에 대한 공부를 좀 하고 했더라면 고생도 덜하고 지금보다 좀 더 모양새가 좋지 않았을까 하는 아쉬움이 있습니다.

그래서 결심을 하게 된 것이 음식업의 예비창업자나 현업동지들에게 저의 창업 이야기도 들려드리고 경험도 나눠 드리고, 느끼고 깨달음도 함께 공유하고자 함입니다.

이 책의 제목은 『뚝배기 속의 사랑 한가득』이라 정했는데 보글보글 뚝배기 속에 사랑을 가득 담아 독자 여러분께 한 그릇 대접하고 싶어서입니다.

저술의 경험이 없어 문장이 다소 거칠거나 거부감이 있어도 양해해 주시고 이 책을 읽는 동안 재미있고 유익한 시간이 되면 좋겠고요, 나아가 여러분께 대박인생의 영감이 심어지기를 기대하겠습니다.

**목차**

Part 02
장사 이야기

# 식당경영의 비단주머니(1)

## Part 04
# 식당경영의 비단주머니(2)

## Part 05
# 자전적 에세이

# 창업
# 이야기

장사는 아무나 하나요?
예, 아무나 할 수 있습니다.
단, 시간과 노력과 열정이 받쳐준다면요.

# 1.
# 나 장사해도 될까요

"아니, 뭐라구요? 당신이 장사? 그것도 음식 장사?"

"……"

"당신이 음식 장사 하면 조선 천지 못하는 사람이 없게?"

"……"

"음식 장사 개나 소나 아무나 다 하는 줄 아나 봐. 장사 중에서도 제일 힘든 게 음식 장사고 열에 아홉은 망한다는 거 몰라서 그래요?"

"내 한식 조리사 자격증 있다 아이가. 그거 인자 써 먹을라꼬"


55세에 직장 은퇴 후 당시 TV「인간극장」에서 본 〈민들레 국수〉라는 간판을 걸고 동네 빈민들에게 무료 급식을 제공하는 인천의 한 식당을 찾아갔었다. 그곳을 꾸리고 있는 가톨릭 수사 출신의 주인장에 매료되어 내가 살고 있는 성남(빈민이 많은)에 분점을 하나 차려야지 하고 그 준비 작업으로 요리학원에 3개월 다녀 한식 조리사 자격증을 따 놓았었다. 결국엔 여러 사정상 엄두를 못 내고 꿈만 꾸다 말았지만-.

"아이고 당신, 복장 터지는 소리 그만하고 그 대단한 자격증 들고 어디 식당에 취직이나 하슈"
"이 나이에 어느 식당에서 써 주겠노"
"하기사, 말도 안 되지. 잠자코 교회나 열심히 다녀요. 당신 국민 연금하고 이 집 잡히고 주택 연금 받으면 합쳐 2백은 되니까 굶어 죽지는 않아요."

경우에 밝고 사리 분별 있는 심 여사에게 음식 장사 운을 뗐다가 본전도 못 찾고 된통 얻어터지고 만 나는 냉장고 문을 열어 멸치 안주로 상비된 시원한 맥주 한 병을 숟가락으로 병뚜껑을 뻥~ 따 마시며 생각에 잠긴다.

이대로 3년만 더 까먹으면 달랑 집 한 채밖에 안 남을 거고, 그 다음엔 전세로, 또 그 다음엔 경기도 변두리로 전전하겠고, 아는 이들과 연락도 끊고 결국엔 초라하고 가난한 노인으로 인생을 마감하겠지.

그래, 물러설 곳이 없구나 뭔가를 하자. 이대로 폭삭 주저앉을 수는 없지.


아파트 경비는 체면상 차마 그렇고, 부동산 중개업은 내 체질이 아니고, 남에게 권유하고 부탁하는 보험이나 다단계는 죽어도 못 하겠고, 이것 참 야단났네. 할 게 아무것도 없네. 그렇다면 장사밖에 더 있나. 정 안 되면 시장 바닥에서 붕어빵이라도 구워야지, 오만 생각을 다한다.

## 2.
# 장사의 문을 두드리다

어영부영하다 보니 내 나이 벌써 65, 더 이상 우물쭈물 하다간 70 곧이어 80 죽을 날만 기다리겠지. 더 늦기 전에, 아직 기력이 있을 때 주사위를 던져보자. 그래, 해보자! 판정으로 지나 KO로 지나 지는 것은 마찬가지다. 이왕이면 죽더라도 장렬하게 전사하자꼬. '사즉생 생즉사'의 각오를 다진다.

내(우리)가 가진 전 재산은 4억 원대 아파트 1채, 금융자산 1억 1천만 원(퇴직 후 10년간 까먹고 남은 돈). 아파트는 빼고(아내 명의인 데다가 목에 칼이 들어와도 아내는 처분 안 함) 전 재산을 털어 작은 식당 하나 차려 보기로 작정!

믿는 구석은 장롱서랍 속에 처박아 둔 〈한식 조리사 자격증〉, 막다른 골목에서의 배짱 〈이판사판 자신감〉

뭘 할까 궁리하며 무작정 가게 자리를 찾아 나섰다. 목표지역은 중산층 이하가 주로 거주하는 성남 구 도심지를 택했다. 성남 신도시인 분당과 판교는 중산층 이상이 주로 살아 내 형편에 부담스럽고 더구나 가게 세도 비싸 피하고 성남 구시가지 수정구, 중원구가 만만해 보였다.

이 거리 저 거리 이 골목 저 골목, 층층마다 무수히 많은 현란한 간판들을 쳐다보며 간간이 중개 업소를 기웃기웃 현기증이 날 정도다. 자영업 생존 경쟁의 정글 두꺼운 벽을 실감하며 벌써 기운이 빠진다. 이 세계에 내가 끼어들 틈새가 있으려나~.

매일 성과 없이 지칠 때까지 걷고 또 걸었다. 발도 아프고, 간판을 올려 보느라 고개도 아프고, 눈도 피곤하고. 얼마 안 되는 창업 자본금으로 찾자니 눈에 차는 건 없고 좀 괜찮다 싶으면 권리금이 최저 1억이라 기를 팍팍 죽이네. 유명 브랜드 프랜차이즈 가맹 점주인 부자 사장들이 부럽네. 내 신세가 처량하네.

한심한 거 중에 그나마 관심이 가는 가게를 하나 만났으니 지하철 역세권인 데다 살아있는 골목 상권에서 현재 영업 중인 가건물 1층 〈대빵 포차〉.

저녁 7시경 중개인의 안내로 20평 남짓한 포장마차 실내에 들어서자 어두침침한 조명 속에 꽉 찬 테이블, 자욱한 담배 연기, 화장실에서 풍겨 나오는 정화조 암모니아 냄새. 하지만 정사각형의 구조, 주방/홀 구분형, 실내 화장실. 잘 개조하면 쓸모는 있겠다 싶었다.

"왜 가게를 내놓을라 하는데요?"

50대 여주인에게 묻는다.

"손님이 권하는 술 한 잔 두 잔 마시다 보니 몸이 많이 안 좋아져서요. 여기 자리는 괜찮아요. 근데 자제분이 하실 건가 보죠?"

'내가 그리 늙어 보이나?'

보증금 3천에 임대료 2백, 권리금 8천인데 조정 가능하다지만 내 밑천 가지고 될까 모르겠네.

# 3.

# 물 좋은 골목 상권

차 1대가 겨우 지나가는 십자가형 세로 골목엔 순대국
밥, 감자탕, 분식집 등 식당을 비롯 치킨, 호프, 노래방,
단란주점까지 먹고 마시고 노는 업소들. 가로 골목엔 ○○
파크라 이름 붙인 숙박업소, 무당굿 집, 색시 술집들이 떼
거리로 도열하고 있었다.(나중 세어 보니 여관 72개, 무당집 18
개, 색시 술집 7개)

부동산 중개인은 어리바리한 늙은 가망 고객에게 목에
힘주어 동네 소개를 한다.

"여기는요 예전 경기 좋을 때는 지나가는 강아지도 만
원짜리 1장 물고 댕긴다 할 정도로 성남에서는 최고가는
상권이에요. 보세요! 먹고 마시고 노래하고 여자 불러 잠
까지 자는 유흥 풀세트(당시 성남시에서 유명한 중동골목), 이

동네에선 한 방에 다 해결한다니깐요."

"그리고 말이죠, 이 여관 장기 방 손님들은 거의 인력 시장 노가다들이란 말이에요. 그 사람들이 팔아주는 매상도 어마무시한 데다가 거의 다 신용불량자라 카드가 없으니 100% 현금결제, 그러니 세금 걱정 안 해도 되죠. 여기선 뭘 해도 됩니다요. 여기서 돈 못 벌면 바보죠, 바보."

들고 보니 그럴듯했다. 눈이 반짝반짝 말을 똑 부러지게 하는 중개인은 귀가 얇은 나를 혹하게 만들고 말았다. (똑뿔이 중개인을 P라 칭한다)

"내일 우리 집사람 한 번 보이고 결정하입시다"
"아 네 그러세요. 당연히 그러셔야죠"

남의 말 잘 믿고, 성미 급하고, 즉흥적이고, 호기심 많은 나를(B형에 소양인) 노련한 이 친구가 제대로 물었다. 세상 물정에 어두운 나는 제대로 걸려들었고. 그 골목을 벗어나며 나는 어쩔 수 없이 끌려가는 운명 같은 것을 느꼈다.

# 4.
# 아내의 현장답사

다음날, 좋은 자리 하나가 났는데 한번 봐 달라는 나의 간청에

"아이고 머리야, 벌써 가슴이 벌렁거리네."

"자리가 억쑤로 좋다 카이."

"당신 자리 보는 실력 누가 모르나, 양양에서 충분히 보여줬잖아."

"부동산 친구가 그 자리 대박 나는 자리라카데~"

"나이 들어서도 여전히 귀가 얇기는~. 좋아요. 그럼 어디 한번 가 보기나 해요. 보긴 보는데 내가 아니다 하면 두 말 안 하기, 무슨 말인지 알죠?"

"알았다"

그리하여 가장 골목이 활기 띤 오후 7시경에 심 여사를

그곳으로 모시었다, 똑뿔이 P가 영접하고.

입을 꼭 다문 채 십자 골목을 안경 너머로 쓰윽 한 번 훑어보곤 "자알 봤으니 그만 갑시다."

P가 다급히 "사모님, 가게 안도 한번 보시죠."

그러나 "됐어요."

한마디로 끝이었다.

"사모님, 이 골목이 이래 봬도 음식 장사 하기엔 성남에서 최고."

"아 그만 됐다니까요"

중간에 말을 끊어 버렸다.

# 체면이 밥 먹여주나

말 없이 집에 오자마자 부하직원에게 하듯

"당신 여기 좀 앉아 봐요. 이야기 좀 하자….."

"……."

"아니 여보, 그 동네 온통 여인숙, 술집, 무당집 그 지저분한 데서 도대체 뭘 하겠다는 거야, 응?"

"원래 물고기는 물이 흐린 데 모이는기라. 맑은 물엔 안 논데이."

"당신 체면도 있지, 보험회사 임원이나 한 양반이 그 골목에서 늙수그레하게 밥장사? 술장사? 그건 아니지."

"이 나이에 체면은 무슨, 체면이 밥 먹여 주나 개코나, 회사 임원이 뭐 그리 대단한 벼슬이라고 임원은 임시 직원을 줄인 말인기라….."

"그러나 곧 시집갈 애들 생각은 해야지. 장인 될 사람이, 사돈 될 사람이 그 골목에서 식당한다 하면 좋~아 하겠다."

"그런 사위, 그런 사돈이면 나도 싫~어 하겠다."

"아, 내 말은 늙어갈수록 체통을 지키자는 거지. 그리고, 이제부터라도 제발 이 마누라 말 좀 들어요. 마누라 말 잘 들으면 자다가도 떡이 생긴다는 속담 몰라요?"

"제발 고만해. 내 당신 떡 많이 묵었다 아이가."

"아이고, 속에서 천불이 난다, 천불이 나."

## 6.
# 아내는 불안하다

아내는 뭔가 불안하다. 마지막 남은 1억, 남은 인생 생활비로, 혼기가 찬 딸들 결혼자금으로, 혹시 모를 병원비로 고이 간직해야 하는데 꼴통 같은 남편이 또 엉뚱한, 말도 안 되는 일을 궁리한다.

'막아야 한다. 무조건 막아야 한다.'

"여보, 전 재산 1억 그거마저 못 떨어 먹어 안달이 났어요? 통장 이래 내놔요. 이제부터 내가 관리할게."

또래들 중 가장 늦게 결혼한 나는 먼저 결혼한 친구들이 하나같이 월급을 지 각시에게 몽땅 맡기고 몇 푼 안 되는 용돈을 타서 쓰는 걸 보곤 "쫌팽이 새끼들 나는 결혼해도 절대 그러지 않을 끼다." 다짐했었다.

그 결과 내가 직접 관리하며 만지작 쪼물락거리다 빌

려주고 날리고(IMF 때 친구 7천만 원) 사기 당해 날리고 (1988년 기획 부동산 4천만 원, 지금도 전남 광양에 내버려 둔 산 쪼가리) 주식해서 날리고(도합 3억가량) 돈이 내 곁에 붙어 있질 않았다.

"와 안 하던 짓을 할라 하노. 죽을 때가 다 됐나 그건 안 되겠다."

"당신이 만지면 금덩이도 돌덩이가 되는 거 다른 사람은 몰라도 나는 다 알아요. 왜 내 말 틀렸어요?"

사실 그렇네. 내 딴엔 쉽게 돈 좀 불려 보려고 주식을 사고 나면 내리고 팔고 나면 오르고. 집도 내가 우겨 팔고 나면 오르고.

노무현 대통령 때 "봐라. 우리 노무현이 집값 확실히 잡겠다 안 카나 퍼뜩 팔자."

긴가민가하는 아내를 윽박질러 팔고 나니 폭등. 매사가 이런 식이니 아내는 내 말을 믿지 않고 한다는 말이 "당신은 돈하고는 인연이 없는 사람이야."

이렇게 악담을 한다. 자기한테 맡기라는 거지. 나는 노름꾼들 같이 한사코 마누라에게 돈을 안 맡기고 이번엔, 이번만은 하다가 적지 않는 월급을 받으면서도 친구들 중 제일 가난뱅이가 되어버렸다.

"흘러간 레코드판 자꾸 틀지 말고 요번에 이걸로 장사해서 학실히 반까이 하면 안되겠나?"

"학실히 반까이가 아니라 확실히 말아 먹는 거지 뭐."

"당신은 나를 어찌 그리 못 믿노, 믿는 자에게 복이 있다고 성경에도 안카드나 엉?"

"쓰잘 데 없는 소리 하지 말고, 차라리 그 돈으로 내가 두 소매 걷어붙이고 만두 가게나 하나 차려볼까? 당신은 열심히 만두나 빚어 주고."

아내의 만두 요리 실력은 공인된 사실이다.

하지만 내가 쪼그리고 앉아 하루 종일 만두 빚을 자신이 없다.

"치아라 마. 누구 골병 들일 일 있나. 내가 니 시다바리가?"

## 7.
# 한다 하면 한다 (1)

똑뿔이 P의 단호한 장담이 계속 나의 얇은 귓가를 맴돈다.

"여기선 뭘 해도 됩니다요. 여기서 돈 못 벌면 바보죠 바보."

'그래, 나는 바보는 아니란 말이지. 거기서 한번 쇼부를 보자 이거야. 죽기 아니면 까무르치기지 뭐, 일단~은 저지르고 보자꼬.'

이튿날 P를 만나니

"사모님 설득되셨어요?"

"설득이나 마나 내가 한다 하면 하는 거지 뭐."

"역시 경상도 싸나이십니다."

"갱상도 무대뽀지."

늙은 내가 젊은 P에게 이실직고한다.

"사실 내가 말이지, 나이도 많고 장사 경험도 없고 뭘 해야 될지도 모르겠고~ 그기 망설여지는기라."

"아 그래요? 그거 아무 걱정 마세요. 제가 상가 중개를 하지만 컨설팅 일체도 해드리니깐 제 시키는 대로만 하시면 돼요. 연세도 많으신데 이렇게 용기를 내시니 컨설팅 비용은 무료봉사하겠습니다."

"컨설팅 비용은 대체 얼마나 하길래?"

"보통 최소 5백에서 2천까지 하죠. 자 그럼 권리 계약부터 할까요? 오후에 다른 분이 보러 오신다 하니 서둘러 하십시다요(나중에 알았지만 부동산 중개업자들이 흔히 쓰는 상투적인 수법)."


이 나이에 자존심 상하지만 내 빈약한 자금 사정을 털어놓았다. 총 자본금 1억뿐이라고.

고개를 숙이고 고민하는 듯하던 P.

"음~권리금을 팍 깎아야겠군. 원래 요지라 8천에 나온 건데~ 잠시 계세요, 내 조정 좀 하고 올게요."

잠시 후 나타난 P.

"어렵게 깎고 또 깎아 5천 5백으로 조정했으니 두말 못

하게 계약서에 서명하십시다요. 대빵 포차 사장님 마음 변하기 전에."

즉석에서 가게 권리에 대한 계약서를 임의로 작성하더니 계약금 8백만 원을 주면 전달하고 영수증을 받아오겠노라고 해 고분고분 시키는 대로 했다.

"쇠뿔은 단김에 뽑으라고 이왕 나선 김에 가게 임대차 계약도 하시지요."

"그러지 뭐."

## 8.
# 한다 하면 한다 (2)

2013년 5월 10일 역사적인 날

장차 내 무대가 될 〈대빵 포차〉 안에서 임대인 할멈, 포차 공 여사, 나 그리고 중개인 P 이렇게 4명이 마주했다.

– 보증금 3천에 월세 220만 원(종전 200에서 10% 인상)

P가 공 여사에게 묻는다.

"가게 언제 비울 수 있죠?"

"내일이라도 좋아요."

계약서 작성차 보니 나보다 한 살 아래인 임대 할멈이 얼굴을 잔뜩 찌푸린 채 묻는다.

"긍께, 장사 경험은 있으시요?"

"없지만 배워가며 할려구요"

"오메 잡거, 그 나이에 인자 배워가며 한다고라? 걱정 시럽소잉~"

P가 끼어든다.

"제가 다 가르쳐 드릴 거니까 걱정 안 하셔도 될 거예요."

임대 할멈, P를 노려보는 것이 '이 사기꾼, 제대로 장사할 만한 사람을 붙여야지 어디서 이런 시답잖은 노인을 데려왔냐' 하는 듯.

"장사가 장난이 아닌디~, 여기서 무얼 할랑가요?"

"이제부터 찾아봐야지요."

"워메 워쩌~ 아무 대책 없이 가게만 덜렁 얻겠다고라?"

P가 또 나선다.

"요새 유행하는 동태찌개 어떨까 하고~"

"아이고 오메 잡거, 그거 갖고 될랑가, 계약은 해준다마는 참말로 거시기 하요 잉~"

할멈이 나를 측은하게 건네 보는 눈길이 예사롭지 않다.

'한심하다. 한심해, 다 늙어가지고 젊은 놈한테 사기나 당하고, 월세는 제대로 받을라나' 하는 눈치.

"근데 왜 혼자 왔소? 마누라는 어쩌뿌고~"

"혼자서 할려구요"

포차 공 여사가 끼어든다.

"어르신이 직접 하세요? 체인점도 아니고?"

"뭔소린지 당체 모르겠구만이라." 하며 할멈 고개를 절레절레 흔들며 나간다.

곧 뒤따라 나간 P, 할멈과 밖에서 뭐라뭐라 하더니 의기양양 들어와서는 "제가 임대 사장님한테 특별히 사정해서 이달 말 공사기간 까지는 임대료 없이 다음달부터 계산하기로 했으니 그렇게 아세요."

계약금 3백을 부치고, 복비 5백은 여유가 없어 3개월 후 자리 잡고 주면 안 되겠냐 하니 P, 흔쾌히 받아들인다.

고개를 푹 숙이고 집으로 향하는 발걸음이 무겁다. 일단 저지르긴 저질러 놨는데 이제부터 어떡하지? 암담, 막막, 멍~ 우선 아내한테 자수부터 하고 보자. 무심한 척 지나가는 말투로

"내 오늘 그 가게 계약하고 왔다."

"뭐라고?"

"다른 사람이 대기하고 있다 하길래 퍼뜩 했다 아이가."

"당신 제정신이야? 계약금은 얼마?"

"권리, 보증금 다 해서 천 백만 원."

"아이고 이 사람아, 일 저지를까 조마조마했는데 드디어~. 마누라가 그토록 반대하는데 합의도 없이?"

"권리금 8천짜리를 팍 깎아서 5천 5백만 원으로…."

"시끄러워! 아이고 이 어리석은 사람아, 척 보니 4천짜리를 5천 5백에 속았는데 뭘 그래. 혹시나 했더니 역시나구만."

"그 자리는 뭘 해도 된다 안카나"

"억장이 무너진다 무너져. 양양 트리우마가 아직도 상처로 남아있는데~. 당신은 정말 구제불능이야 어휴 ~"

(양양 트라우마? 이 책의 독자들은 우리 집사람을 이해하기 위해선 양양사건을 알아야 한다. 다음 에세이 편으로~)

## 9.
# 일단 저지르고 본다

그날 밤 아내는 친하게 지내는 교회 식구를 비롯하여 시집 형제, 친정 어른까지 총동원하여 나의 이해할 수 없는 장삿길을 막게끔 지원요청을 하였다. 전화통은 불이 나고~. 계중에는 "여보시게, 그 나이에 양반이 무슨 음식 장산가 내가 그 계약금 다 물어줄 터이니 발을 빼시게, 패가망신일세." 하는 처가 어른도 있었다.

'그러나, 그러나 말이다. 명색이 사내 자슥이 한 번 칼을 뽑았으면 휘둘러나 봐야지, 안 그래?'

모든 수단을 동원하여 달래도 보고 애원도 하고 겁도 줘 보건만 먹혀들지가 않자 심 집사는 본인의 빡센 기도와 교회 구역 식구들에게 중보기도를 부탁했다.

"주여~ 주여 이 남자의 무모한 행보 막아주시고 이 믿음의 가정을 지켜주시옵소서. 믿습니다. 아멘~"

나는 나대로 어, 이러다간 안 되겠다 싶어 다음 날 바로 잔금을 일시에 다 치러 버렸다. 7,400만 원, 드디어 가게는 내 꺼가 되었다. 에이 시원하다 이젠 두 말 못 하겠지? 포기하란 말 못 하겠지? 남은 장사 밑천은 2500만 원.

의리상 인생의 동반자인 아내에게 잔금을 다 치렀으니 기도를 중단해도 된다고 알렸다.

"아이구 머리야, 내가 지레 죽고 말지. 나는 인제 모르겠어. 당신이 다 알아서 해요."

싸늘한 냉기가 핸드폰을 타고 전해졌다.

'우짜겠노. 죽이 되든 밥이 되든 내가 다 알아서 해야지. 실패하면 가장 사표 내고 강원도 산속으로 가야지 별 수 있나.'

# 10.
## 메뉴는 한우국밥

가게 문제는 일단락됐고, 다음은 무슨 음식으로 할까다. 프랜차이즈 가맹점은 돈이 없어 생각도 못 하고 개인 브랜드로 하되 내가 좋아하고 감당할 수 있는 음식 중에서 무얼 할까? 중개인 P는 당시 성남에서 유행하는 〈김치&동태찌개〉를 권하고 같이 먹으러도 다녔다. 레시피 전수비로 3백만 원만 주면 간단하게 창업할 수 있다는 거였다. 그러나 내 생각엔 '뭐 그런 음식, 집에서도 주부들이 언제든지 만들어 먹을 수 있는 건데 구태여, 그건 아니다' 싶었다.

그럼 뭐가 있을까? 최종 결선에 오른 것이 노인들이 장사해도 어울리는 추어탕, 삼계탕 그리고 소고기 국밥이었다. 그중 이 지역에 없는 것이 뭔가? 검색해 보니 추어탕,

삼계탕은 잘하는 전문점은 몇 개 있었다. 그런데 소고기 (따로) 국밥은 아무리 찾아봐도 전문으로 취급하는 곳이 없었다. 기껏 일반 음식점에서 주력 메뉴가 아닌 꼽사리로 끼어 있는 건데 알아보니 농협 하나로마트 식자재 코너에서 사다가 봉지 뜯고 뚝배기에 데워 나가는 인스턴트 식품.

소고기 국밥과 흰 쌀밥.

옛날 어릴 적 가난한 형편에 감히 먹을 수 없었던, 생일 날에나 먹었었나? 아무리 먹어도 물리지 않는- 어머니가 돌아가시기 전 병원에서 입맛을 잃었을 때 마치 유언처럼 "소고깃국이 먹고 싶다" 하시던.

그래! 소고기 국밥집으로 하자. 나도 소띠 아니냐.

일단 메뉴를 정하고 나니 시작이 반이라고 반은 된 것 같았다.

# 11

# 3류 시행, 2류 시공

메뉴도 정해졌고 다음 순서는 소고기 국밥집 컨셉에 맞는 인테리어를 할 차례다. 총 예산 1500만 원으로 인테리어 전문 업자에게 의뢰하니 No No No.

별 수 없이 P가 목수를 소개하고 그 목수가 불러 모은 미장, 도배, 바닥, 창호, 닥터, 설비와 개별 흥정으로 진행하기로 했다. 적은 예산으로 공사를 해야 하니 기존의 시설물을 되도록 살리고 최소 비용으로 단순, 시원하게 시공하기로 했다.

- 벽면, 천장은 그대로, 도배만 밝은 색으로 한다.
- 입구 벽은 헐고 여닫이 슬링 도어로 제작한다.
- 나무 문을 유리 문으로 바꾼다.
- 주방과 홀 칸막이를 헐고 주방을 OPEN 시킨다.

• 화장실은 쭈그리고 앉아 보는 좌변기를 의자식 양변기로 바꾸고, 남자 입식 소변기, 세면대를 추가로 설치한다.(음식점이 아무리 음식 맛 좋아도 화장실 냄새 나고 지저분하면 정이 떨어진다는 평소 생각)

돈 안 되는 작은 일감에 1류 프로는 올 리 없고 아마 같은 2류 프로에 맡기니 마음에 안 찬다. (내가 보기엔 2류인데 본인들은 1류 자긍심) 내가 뭘 알아야 지시도 하고 지적도 하는데 내가 할 수 있는 건 때맞춰 열심히 밥 사주는 것뿐. 그들이 보기에 생판 초짜 노인이 얼마나 엉성해 보였을까? 그래도 날이 갈수록 가게 모양이 하나하나 자리 잡혀 갔다.

# 12.
## 레시피 찾아 대구로

다음 순서는 인테리어가 마무리되기 전에 완성시켜야 되는 소고기국밥 레시피. 인터넷에 올려놓은 가정용은 있어 직접 만들어 보았지만, 식당용은 어디서 얻나. 개발하려면 많은 시간과 노력이 필요한데 엄두가 안 난다. 들자하니 감자탕 전수비용이 1천만 원이란다.

네이버 검색창에 「소고기국밥 맛집」을 올려놓고 이리저리 뒤지던 중에 마침 한국 일보 대구 지방판에 소개된 「대구의 소고기 국밥 맛집」이 걸려들었다. 음식에 대한 호평과 함께 향후 체인점 개설도 계획하고 있다는 기사를 보고 그래! 이거다. 지체없이 전화를 걸었다. 여긴 성남이고 간단한 내 소개와 함께 내일 찾아 뵙고 식사도 할 겸 조언을 듣고 싶다 하니 OK. 오란다.

「소고기 따로국밥」으로 유명한 대구, 대구로 가자.

    화창한 5월 고속버스를 타고 한적한 3시경에 찾아간 대구 수성구의 「참소 한우국밥」. 멀리서 온 객을 친절히 맞아 주었다. 메뉴는 한우국밥, 소머리국밥, 소불고기 안주 딱 3가지. 나의 관심은 오직 한우국밥, 그 맛을 보자 신문에 날 만큼 전통 옛 맛 그대로 나를 감탄케 했다. 야호 소리를 지르고 싶었다. 바로 이 맛이야! 향수의 맛, 엄마가 끓여주던 시원하고 칼칼하고 입에 쩍 붙는 그 맛. 아~ 콩닥콩닥 가슴이 뛰었다. 그래, 이 맛을 배우고 따라하자.

# 13

# 참소 한우국밥

⟡

감히 그 집만의 비법인 레시피를 알려 달라고는 못 하고 들어가는 재료만 받아 적었다.

1. 한우 잡뼈 + 한우 사골 뼈+한우 양지 삶은 국물을 육수 베이스(base)로

2. 고기는 한우 양지

3. 무, 대파, 콩나물을 야채 건더기로

4. 고춧가루, 간 마늘, 국간장+천일염을 양념으로

늘그막에 음식 장사를, 그것도 생판 초짜라 하니 걱정이 되는지 국밥 장사에 필요한 노우하우(know How)를 전수해 준다.

1. **국밥 장사가 처음이고 나이도 있으니만큼 무리하지 말고 처음에는 「한우국밥」 한 가지로 하고 자리가 잡히면 하나씩 늘리되 「소고기 국밥 전문점」으로 하라.**

   "소에다가 닭이니 돼지니 오만거 때만거 다 갖다 붙이면 죽도 밥도 아이라, 돈이 도망가뿐다. 오로지 소로만 승부를 보이소."

2. **재료는 무조건 최고로, 특히 소고기는 한우 양지 부위로만 하라. 수입 고기, 국내산 육우, 젖소는 절대 안 된다.**

   "손님은 귀신입니더. 좋은 재료로 손님 입을 즐겁게 하면 사방팔방 소문나고 손님이 손님을 끌고 옵니더. 따로 광고할 필요 없지예. 입 소문이 최고 광고라예."

3. **넉넉하게 퍼 줘라.**

   "음식 장사는 인색하면 안 되는기라, 푸짐하게 퍼 주고 국이고 밥이 고 반찬이고 더 달라카믄 기쁜 마음으로 더 주이소. 손이 커야 된다 카이, 조막손(남 주기 아까워하는 손)은 음식장사 하믄 절대 안됨미데이."

4. **적게 남기고 많이 팔아라.**

   알려질 때까지 광고비 쓴다 치고 박리다매 전략으로 가라.

   "처음부터 돈 벌 생각하지 말고 손님 끌 생각이 먼저라예. 손님이 바 글거리면 돈은 저절로 따라 붙습미데이."

5. **직원들한테도 박하게 대하지 말고 후하게 해라.**

   "직원은 최고의 손님이라예. 직원이 불만 없이 신나게 일해야 그기 다 손님한테 가는기라."

실제 경험은 없지만 다 맞는 말 같아 나는 노트에 열심히 받아 적었다.

"상호는 정하셨어예?"

"아니요 아직."

"우리 상호 무난하니 그냥 가져다 쓰이소. 「참소 한우국밥」."

하늘이 도왔나, 조상이 도왔나 순식간에 돈도 안 들이고 상호가 정해지고 국밥 레시피의 밑그림이 그려졌다. 2인분을 택배로 부탁하고, 약소한 봉투 하나를 건네고 돌아서는 내게

"우리 국밥을 참고로 요리조리 만들어보고 정 안 되면 연락하이소. 내가 성남 출장 가서 봐 드릴게."

사실 제대로 전수를 받고 싶었지만 당시 내 형편이 전수 사례비를 드릴 형편이 못 되어 혼자 힘으로 해보기로 했다. 먼 길 출장까지 와서 전수해주면 못해도 5백만 원은 드려야 할 것 같기에.

## 14.
# 벳부의 눈물

　인테리어 공사도 거의 마무리 단계에 접어들고, 상호도 정해졌고 메뉴 레시피도 손안에 잡힐 듯 들어왔으니 앞으로 갈 긴 여정에 잠시 한시름 놓고 충전의 시간을 갖기로 했다.

　아내는 나의 일방적인 가게 계약 이후 상심해서인지 교회에만 열중하고 말이 없어졌다. 마치 우울증 환자처럼. 난들 마음이 편하겠나 확률 1%에 도전하는 도박인데, 개업 준비에 몰두하느라 나도 말이 없어졌다. 아내를 위로하고 우리의 부부관계를 복원하기에 뭐가 좋을까 궁리하다가 여행, 그것도 아내가 좋아하는 일본 여행이 떠올랐다.

　마침 부산항에서 여객선 페리호를 타고 시모노세키 경

유 후쿠오카/벳부 온천 2박 3일 26만 원짜리 패키지 상품이 있었다. 나는 저간의 진척 상황을 설명하고 이제 장사를 시작하면 시간이 안 날 테니 일본에 가서 온천이나 하고 오자고 설득했다.

벳부 온천 목욕 후 시원한 맥주를 마시며 좀체 드러내지 않는 내 속마음을 털어놓았다.

"그동안 내 때문에 마음고생 많았제? 당신이 이 못난 남편을 감싸주고 참아준 덕분에 우리 가정이 온전한 거 내 잘 안다. 조금만 더 참아도고 식당 성공시켜 당신 말년에 호강시켜 줄게."

나중에는 삼수갑산 갈 깝세 일단은 아내를 안심시켜 놓고 볼 일이다.

"당신이 불쌍해서 어떻게~"

"걱정 마라 잘될 끼다."

아내 흐느끼며 울고 나는 말없이 흐르는 눈물을 들킬세라 기린 맥주만 연거푸 들이켰다.

아내와는 그동안 값싼 아시아권 외국 여행은 웬만큼 다녔다. 일본 여행은 이번이 두 번째인데 다음번엔 북해도 료칸 온천 여행을 약속했다. 거기다가 덧붙여 지중해 크

루즈 여행도 약속했다. 희망을 잃은 아내에게는 우선 다독거림이 필요했다.

예전에 무슨 영화에선가 허풍쟁이 주인공이 "이번 일만 잘되면 백금 반지, 다이아 반지 문제없어." 하며 영화 속 여자를 다독였던 기억이 났기에.

사실 우리 부부는 여행 체질인 것이 아무데서나 잘 자고 아무거나 잘 먹고 해서 형편은 안 좋아도 국내건 국외건 가리지 않고 많이도 놀러 다녔다. 남은 건 그것밖에 없다 해도 과언이 아니다.

# 15

# 문제는 구인이야

일본에서 돌아오니 참소 한우국밥 간판이 걸려 있었고 이젠 같이 일할 직원을 구할 때다.

〈(여) 주방 1명 홀 1명〉 지역의 생활 정보지(벼룩시장, 교차로)에 구인 공고를 내고 인력사무소에도 의뢰했다. 그리고 식당 앞에는 방을 붙였다. 그런데 홀은 응모자는 있는데 주방이 없다. 이유를 알아보니 체인점도 아니고 개업집은 체계가 없고 할 일이 많아서 우리 같은 식당은 기피한다는 거였다. 결국 홀직원은 인력사무소에서 추천한 50대 중반의 조선족, 주방직원은 방을 보고 찾아온 50 초반의 전라도 여자.

일단 이렇게 자리는 채우고 일을 하면서 맞춰 나가기로 했다.

처음엔 직원 구하기가 쉬운 줄 알았는데 그 뒤로 운영하면서 알게 된 사실은, 사람은 많은데 일 잘하는 사람은 극히 드물어 특히 음식맛을 내는 주방의 경우 마땅한 사람 찾기가 엄청 힘들었다. 대개 일반 식당의 경우 주방장이 음식맛을 좌지우지하기 때문에 실력 있는 주방장을 구인하는 게 가장 어렵고 중요한 일인 것이다.

실력자를 구할 때까지는 도리 없이 어리바리 초짜 사장인 내가 그 역할을 대신해야 했다.

# 16

# 국밥 레시피 완성

대구에서 택배로 온 한우국밥을 모델로, 메모해 온 노트를 참고로 재료와 양념을 준비하고는 분량을 전자저울에 달아 조절해가며 10인분을 5번 실험 끝에 나온 국밥은 대구 명품 국밥과는 또 다른 풍미가 있었다. 일단 성공이다 만세!

그래, 일단 이걸로 손님께 선을 보여 반응을 본 후 이곳 손님의 입맛에 맞게끔 양념을 가감하기로 하자.

**고기:** 한우 양지

**국물:** 사골 + 잡뼈 + 고기 육수

**야채:** 무 + 대파 + 우거지 + 콩나물

**양념:** 고춧가루(일반+청양) + 간마늘 + 후추가루 + 된장

간: 국간장 + 천일염

    원래는 건더기 야채에 우거지가 안 들어갔으나, 아내와 일본 벳부 온천 차 서울에서 부산행 열차를 타기 전 서울 역사 안 식당에서 소고기국밥을 사 먹었는데 배추 우거지가 들어가 시원한 맛을 더해주어 우리도 우거지를 넣기로 했다.

# 17.
# 인테리어 완성

그럭저럭 어설프지만 인테리어가 마무리되어 가전 설비가 제자리를 찾아야 할 차례. 권리금 안에 포함된 TV, 에어컨, 냉장고는 그대로 쓰고 나머지는 중고 주방업체에서 설치했다. 최소비용으로 우선 사용하다가 수명이 다하면 하나하나 교체하기로 했다.

– 최종 점검 확인 –

1) 전기, 전등, 간판, 조명, 수도, 가스, 간덱기, 닥트, 후드, 온수, 환풍, 배수 등 설비가 정상 가동되는지

2) 냉장/냉동고, 온장고, 정수기, 압력솥 등이 작동되는지

3) 주방집기, 비품 등이 빠짐없이 갖춰졌는지(주방 그릇가게에서 6개월 할부 카드 구매)

주류냉장고 2대는 주류업체에서 무상 임대로 설치. 제일 싸구려 식탁 의자까지 다 채우고 나니 식당으로 구색이 갖춰져 제법 그럴듯해 보였다. 비로소 3류 시행 2류 시공 인테리어 공사가 완성된 것이다.

인테리어, 설비 다 해서 총 2700만 원, 당초 예산 2500만 원 선에서 간판 제작비로 200만 원 초과되었다.

중개업자 P에게 물었다.

"프랜차이즈 가맹점으로 이 정도로 한다고 치면 얼마나 줘야 될까?"

"모양은 이것보다는 낫겠지만 가맹비, 교육비 다 하면 못해도 1억을 줘야 될 걸요."

"와! 마이 해묵네."

"아니죠. 사무실과 창고 임대료, 직원 인건비, 개발비, 물류 운송비, 장난 아니죠. 걔들도 쉽지 않아요. 프랜차이즈 사업체 폐업도 얼마나 많은데요."

## 18.
# 시식 품평회를 열다

한우국밥 레시피를 완성했으니 이젠 그간 개점 진행 과정에서 관련된 인사들 상대로 시식 품평회를 가져보기로 했다. 국밥 50인분을 준비하여 그간 인테리어에 수고한 업자들, 중고 주방업자, 주류회사 직원, 이웃 거래처 사장들, 중개업자 P 총 14명이 참석하여 시식 행사를 했다.

모두가 하나같이 찬사를 표한다.

"세상에 이렇게 맛있는 한우국밥 내 머리털 나고 생전 처음이다."

"어릴 적 고향에서 먹던 맛이다."

"밥, 국이 무한리필이라니 인심이 너무 좋다."

"한우국밥이 5천 원이면 순대국밥과 같아 너무 싸다."

"대박 나겠다"

"나중에 체인점 하나 내주소"

물론 개업을 앞둔 집에 와서 좋은 말만 하는 게 인사치레겠지만 극찬을 들으니 가슴이 뿌듯해진다. 인사말을 해야지.

"식당 장사 처음이라 부족한 점이 많습니다. 가르쳐 주시고 성원해 주십시오, 열심히 하겠습니다." 꾸뻑~

돌아가는 모두에게 소고깃국 2인분씩을 포장해서 들려 보내며 당부했다.

"주위에 선전 좀 잘해주이소."

# 19.
# 식재료 구입

음식점 경영에 있어 중요한 부분이 식재료를 어디서, 어떤 가격으로, 좋은 물건을 구매하느냐 하는 것인데 나는 아무것도 모르니 비싸더라도 주위에서 조달했다. 정육, 야채, 쌀은 동네 가게에서 손수레로 직접 날랐고 양념류는 차를 타고 10분 거리인 종합시장에서 구입했다. 재료가 하나 떨어질 때마다 그때그때 노인이 나이도 잊고 부지런히 날랐다. 깍두기는 주방 직원이 자신 있다고 해 직접 담갔다.

아무도 내게 어디 가서 사야 싸고 좋은 식재료를 구할 수 있는지 가르쳐 주지 않았다. 나 또한 묻지도 않았다. 이 문제는 사실 대단히 중요한지라 사전에 충분히 알아보고 비교해 보고 거래처를 정해 놓고 장사를 시작하는 것이 일반 상식인데, 장사를 처음 하는 나는 너무 몰랐고, 생각이 없었다. 모르면 이리저리 물어나 봐야지 대책 없는 노인네였다.

그 당시에는 가락 야채 시장이나 마장 축산시장에서 구입할 생각조차 못 했다. 우리 같은 작은 식당은 동네 상점을 이용해야 하는 줄 알았던 것이다. 동네 구멍가게에선 내가 많이 팔아주니까 좋아라 했다.

# 20

# 한식 조리사의 약속

대형 현수막을 가게 전면에 내걸었다.

**한식 조리 자격자의 약속**

• 한우고기만을 사용합니다.

• 육수, 공깃밥 무한 리필합니다.

• 남긴 음식 재사용 안 합니다.

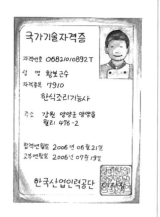

국가기술자격증

자격번호 0682이010892T
성 명 황보근수
자격종목 7910
  한식조리기능사
주소 강원 양양군 양양읍
  월리 476-2

합격연월일 2006년 06월 21일
교부연월일 2006년 07월 19일

한국산업인력공단

★ 이 약속은 영원합니다.

한우국밥 5,000원

### 21.
# 창업 과정 정리 및 결산

## 2013년 5월 10일~6월 10일 (1개월) 과정

1. 점포 임대차 계약

2. 메뉴 확정 (소고기 국밥)

3. 인테리어 시작

4. 대구 방문 (레시피)

5. 상호결정 (참소 한우국밥)

6. 사업자 등록 (간이사업자)

7. 직원 채용

8. 인테리어 마감 (설비, 집기, 비품 확인)

9. 레시피 확정

10. 시식 품평회 후 영업 개시


그야말로 번갯불에 콩 볶아 먹는 식으로 양양 땅 870평을 1시간 안에 내 땅으로 만든 것처럼, 단 한 달 안에 전 광석화같이 식당 하나를 만든 셈이다.

| 결산 | |
| --- | --- |
| 총예산 | 1억 1천만 원 |
| 임대보증금 | 3천만 원 |
| 권리금 | 5천 5백만 원 |
| 인테리어 | 1천 7백만 원 |
| 설비 외(집기, 비품) | 1천만 원 |
| 기타경비 | 3백만 원 |
| 계: 1억 1천 5백만 원 | |

예산초과 5백만 원 딸에게서 빌리다.

가게 중개 수수료 5백만 원은 3개월 후에 주기로 합의.

# Part 02

# 장사
# 이야기

장사는 누가 해야 하나요?
절박한 상황에서 간절함이
적성에 맞아 즐기며
자신을 불태우는 근성이 있는 사람입니다.

# 1.
# 드디어 개업 첫날

인테리어 공사를 주도했던 목수한테서 들은 이야기다.

업자 몇이 모여 나를 두고 점을 쳤는데

미장: 저 영감 1년도 못 갈 걸.

도배: 1년은 무슨, 6개월도 못 가 손 들 걸.

설비: 무슨 소리, 3개월도 못 가 두 손 두 발 다 들 걸,
두고 봐!

2013년 6월 10일. 남 몰래 하는 개업이라 축하 화분 하나 없다. 이 나이에 식당 창업 의논해 봐야 반대할 건 뻔하고 설령 찬성한다고 쳐도 몇 달 못 가 손들면 체면만 손상. 그 무슨 망신인가. 시쳇말로 쪽팔리는 거지. 모두가 호기 어린 시선으로, 빨리 망하는 걸 보고 싶은 주변 업소 주인들.

'저 경험 없는 노인네가 이 바닥에서 도대체 뭘 하자는 거지?'

지역 주민들이 궁금해하고 흥미롭게 지켜보는 첫날. 시루떡을 신고 인사차 이웃 골목 가게에 쭉 돌리고 아내와 처제도 지원 나와 손님 맞을 준비를 한다.

나는 조리사 자격증을 확대해 밖에 내다 걸고 하얀 위생복을 입고 앞치마 두르고 직원 2명과 함께 준비에 정신이 없다. 사실상 음식 업계 첫 데뷔 무대인 것이다. 불과 한달 전까지만 해도 백수 늙은이가 65세에 식당 주인이 되어 세상의 평가를 받는 날이다.

긴장 ~

설레임 ~

기대 ~

## 2.

# 진상 천지

짠~ 드디어 첫 손님 등장.

우리 식구 일제히 "어서 오세요~"

어디서 술을 얼큰히 취한 상태로 입장해선 의자에 삐딱하게 앉는다.

"쐬주 한 병!"

홀 직원이 개업 떡을 내놓으며 "국밥은요?"

"니미씨팔 국밥 좋아하네. 국물 줘 국물, 싸비스 몰라?"

50쯤 된 친구가 소주 한 잔에 욕 한 점, 국물 한 숟가락, 혼자서 식당을 가지고 논다. 기세는 갈수록 치솟고. 모두 어쩔 줄 모른다. 이럴 땐 남자가 해결해야지 별 수 있나.

"봐라, 니 밖에 나가 내하고 이야기 좀 하자."

"뭐? 이야기? 이야기 좋지."

따라 나온다.

이럴 때는 부산 특유의 우악스러운 목소리가 한 몫 한
다. 우스개 소리로 '벌교 가서 주먹 자랑하지 말고, 여수
가서 돈 자랑하지 말고, 순천 가서 인물 자랑하지 말고,
부산 가서 목청 자랑하지 말아라'란 말이 있다.

"니 남의 개업 집에 첫 손님으로 와서 이기 무슨 짓이고
응?"

"그런데 어쩌라고 씨팔" 하며 침을 모아 땅바닥에 찍―
쏜다.

"내 나이 육십다섯이다. 니 몇 살이고 너무한 거 아이
가?"

"나이가 무슨 훈장이여?"

"사람이 경우가 있어야지 경우가. 개업집 첫날 첫 손님
으로 와서 이런 법이 어디 있노 안 그렇나?"

"개업 첫날 첫 손님이라 ~ 미안!" 하며 거수 경례를 척
붙인다.

그리곤 소주값 계산하려 비틀거리며 주머니를 뒤진다.

"됐다 가라. 퍼뜩 가라. 다음에 술 깨고 맨 정신으로 온
나 알았제?"

직원은 소금 한 줌 쥐고는 문 앞에 휘휘 뿌린다.

개업 첫 무대는 진상의 출현으로 작품 버렸다.

어? 그런데 그 직후 손님들이 밀어닥쳐 금세 만석이 되었다. 진상이 손님을 부른 듯. 그때부터 밤 10시경까지 구슬땀을 연신 흘리며 소고기국 끓이기에 정신없어 어떻게 하루를 보냈는지 전혀 기억이 안 난다. 그나마 메뉴가 국밥 한 가지라 감당할 수 있었다.

첫날 마감 매상은 405,000원.


다음날도 진상의 스토리는 이어진다.

빡빡 밀은 머리, 째진 눈, 팔뚝 문신의 40대 사내, 전직

조폭 똘마니였거나 아니면 흉내 내는 양아치다.

"나 누군지 모르시오?"

"모르겠는데….."

"옴메~ 이 바닥에서 이 박상두 모르는 민간인도 다 있네잉~ 빵(교도소)에서 2년 썩다 나오니 세상 참 좆같이 변해 버렸어~"

입고 있던 나이키 T셔츠를 확 벗어 맨몸을 보인다. 온통 칼에 베인 자국, 눈매가 사납지만 살기는 없다. 손님들 아랑곳없이 혼자서 원맨쇼를 한다.

"짭새 불러 짭새, 모조리 확 죽여버릴 탱께."

결국, 인근 지구대 경찰에 끌려 나가면서도 한마디 한다.

"이 동넨 내 나와바링께로 앞으로 자주 뵙겠습니다아?"

지 말대로 상두는 자주 찾아와 식당 분위기를 험하게는 했으나 외상 없이 현금 계산. 직원들 팁도 통 크게 주고, 나와는 형 동생 하며~ 걸핏하면 "형님, 개판치는 놈 있으면 내게 연락하쇼. 확 다 조져버릴 것이여, 그전에 국제 마피아 행동대장 박상두가 내 동생이다 하면 알아서 길 것이요."

기억에 남는 진상 이야기 하나만 더.

백발의 60 초반. 식사는 안 하고 소주만 마시면서 계속 옆 테이블 손님을 마치 자기가 영화 속 황야의 무법자인 냥 담배를 물고 지긋이 쏘아본다.

'먼저 시비를 걸어라 몸 좀 풀게' 하는 듯.

쏘임을 당하는 입장에선 당연 기분 나쁘지.

"왜 남 밥 먹는데 그리 째려봐요? 밥맛 없게."

"뭐야 씨팔."

소주병을 집어든다. 내가 나설 차례다.

"어허~ 남의 식당에서 이기 무슨 짓이고 나가라!"

"넌 뭐 하는 놈이야?"

"나? 여기 주인이다."

밖으로 밀어낸다. 그럴 때 내 힘은 초인적이 된다. 진상은 내 멱살을 잡으려 한다. 나는 두 손목을 꽉 잡아 필사적으로 막는다. 손 공격이 여의치 않자 발차기를 시도한다. 균형을 잃고 쓰러지며 시멘트벽 모서리에 옆 이마를 찍는다. 길게 찢어져 선혈이 낭자하다. 112 순찰차의 출동, 곧이어 119 구급차도 출동.

"간접 상해가 되니 저 사람이 고소하면 합의하세요."

지구대 순경이 건조한 표정으로 내게 조언한다. 합의? 오백? 일천? 그런데 그 진상 119에 실려 분당 C병원 응

급실로 간 이후 아예 연락이 없다. 왜일까? 휴~

　초창기에 진상 손님이 어찌나 많은지 하루도 빠진 날이 없었다. 여기서 전국 진상 경연 대회하는 듯. 실력자는 단연 전라남도와 경상남도(광주, 부산 포함) 출신들. 일부는 제풀에 지쳐 나가고, 일부는 달래고 보내고 일부는 밖으로 끌어내 쫓아 보내고, 대책 없는 진상은 지구대에 신고해 해결하게 하고 정말 각양각색이었다. 젊은 경찰 보기가 민망할 지경이다. 이삼 일에 한 번은 불렀으니까.

　이런 진상 노가다(기능은 없어 주로 잡부) 손님들을 상대하면서 나는 밑바닥 인생의 정서를 공감하게 되었고 형님아 아우야 하며 친해졌다. 알고보면 사연도 많아 각자가 걸어다니는 소설이다. 소설가들이 작품 소재를 구하려 하면 이 동네에 와서 이 친구들 술 한잔 사주고 사연을 들어보면 소설 소재꺼리가 무궁무진할 것이다.

### 3.

# 별난 손님들

먹고 마시는 장사를 하려면 간·쓸개를 다 떼고 하라는 말이 빈말이 아니었다. 나는 개업 초기 거기다 더해 콩팥까지 다 떼놓고 한 거 같은 것이 그 좋아하는 술을 마셔봤나, 진상 손님들에게조차 굽실굽실 성질 한번 안 냈지, 하루종일 정신없어 화장실 간 기억도 없었으니까.

진상이 짠~ 하고 등장하면 직원은 "아휴~ 저 진상 죽지도 않고 또 왔네."라면서 진저리를 친다.

"마누라 도망가고 외로워서 그러니 이해해라. 본성은 착한 사람이야. 그래도 다른 데 안 가고 우리한테 온 기 얼마나 고맙노."

이렇게 달래가며 진상을 보호하는 것은 내 몫이다.

진상 노가다는 그래도 공사판 최하위 직급인 막일 잡부로라도 지가 일해서 벌어먹고 사는데 일하기가 딱 싫어 겨우 박스나 빈 병을 모아 팔아 소주, 컵라면만 먹다 한 번씩 특식으로 우리 국밥을 먹으러 오는 장기 노숙자들이 있다.

직원은 그들이 더럽다고, 냄새 난다고, 다른 손님 싫어한다고 받지 말자 했지만 "여기가 무슨 고급 레스토랑이가? 국밥 한 그릇이 뭐 그리 대단하다고. 받아라!"

냄새 나는 노숙자도 먹고 간다고 우리 식당에 발길을 끊은 깔끔한 일반 손님도 있다. 어쩔 수 없는 일이다.


무전 취식자도 있다. 몇 가지 유형으로 나누자면

1형) 든든히 먹고 마시고(소주) 배짱을 키우곤 돈 없다 배째라 형

　　조치: "그냥 가고 다음엔 오지마라."

2형) 틈을 엿보다 슬그머니 도망치는 36계 형

　　조치: 나는 속으로 빨리 도망가라. 그러나 천천히 모른 척 도망가다 억척 같은 우리 조선족 직원에게 붙들려 오면 "솔직히 말로 하지 와 도망가노. 됐다 가라."

3형) 몇 번 돈 내고 먹다가 안면을 익히곤 "다음에 줄게" 하고 외상 단골이 되고자 하는 형

조치: "우리 집엔 외상 안 키운다. 그냥 먹고 나가라."

4형) 젊은 애들 몇이 신분증 제시 후 수육 안주에다 소주, 맥주 실컷 마시고 떠들다가 하나 둘 슬그머니 사라진다. 마지막 남은 놈에게 계산하라 하니 "우리 일행 중 뒤에 따로 온 여자애가 미성년자인데요."

조치: 그냥 가라. 부탁한다. 다신 얼씬도 하지 마라. 알았제?"

미성년자 음주면 영업정지 2개월. 이웃에 2곳이나 당했다. 곱게 보내는 것이 상책이다.


무전 취식자를 그냥 보내면 우리 직원들은 질색한다.

"저 진상 돈이 없는게 아니에요. 사장님을 만만하게 보고 그래요. 그럴 땐 우리가 알아서 할 테니 사장님은 빠지세요."

# 4.

# 노가다 사랑

성남의 신도시(분당, 판교)는 주로 중산층 이상이 거주하는 데 반해 성남의 구시가지(수정, 중원)는 서민풍이라 생활 문화가 완전히 다르다.

처음 장사는 만만한 데서 하고 싶어 소시민들이 주로 사는 이곳 성남, 이 동네를 멋모르고 찍었을 때 아내의 반대는 격렬했지만 나는 왠지 이 동네, 이 골목에 정이 갔다 (옛날 정서가 남아 있는 곳).

막상 자리를 잡고 보니 과연 물은 흐리지만 고기는 노는 동네라 잘만 하면 돈은 벌릴 것 같았다. 왜 그런 속단을 내렸는고 하니 이 골목은 중개인 P가 호언장담한 대로 밥집(음식점) 외 술집, 노래방, 연애(색씨), 잠(여인숙) 즉, 인간의 원초적인 욕구 세트를 모두 충족시킬 수 있는 곳이

기에. 문제는 그 수요(욕구)를 충족시킬 수 있는 공급(꺼리)만 제대로 따라준다면 승산이 있다고 본 것이다.

초기 식당이 빨리 자리 잡히기까지 가장 공헌을 한 손님은 뭐니뭐니 해도 인력 시장의 노가다들인데 이들 다수는 인근 여인숙에서 장기 숙박하며 인력 사무소에서 정해주는 현장에서 돈 벌어 이 골목에서 소비를 하는 것이다.

국밥 한 그릇에 소주면 속도 채우고 피로를 풀기에 가장 경제적으로 해결한다 하겠지만 이들 노가다를 쉽게 보면 안 된다. 입맛은 얼마나 발달되었고 까다로운지— 가족도 없이 혼자 살며 유일한 낙이 먹는 거라 이해가 간다.

이들이 기본 2~3 테이블을 차지하고 있으니 순식간에 10개 테이블이 꽉 차 항상 손님이 많아 보이니 맛집으로 소문이 빨리 나게 되었다.

노가다의 경제에 대해 이런 평을 한다.
'예금 통장은 없어도, 카드도 없어도 현찰은 있다.'

그만큼 경제에 관해 개념이 부족하여 저축에는 관심이 없고 오직 소비만 한다는 이야기다. 그래서 초창기에는 카드 결제가 10% 정도고 거의 현금 결제라 매일 현금을 은행에 입금하기 바빴다.

특히 노가다 손님들은 소주를 얼마나 잘 마시는지 1인당 보통 2병을 마셔도 끄떡없다. 독거의 외로움과 육체노동의 고달픔 탓이다. 주류 회사 영업 직원이 주변 식당 중에선 소주를 제일 많이 팔아 준다고 감사 인사를 할 정도-.

이들은 또 인정이 많다. 친절히 대해준 우리 직원들에게 떡, 빵, 과일, 치킨, 피자 등을 돌아가며 수시로 제공하니 간식꺼리가 떨어질 날이 없다. 그렇다고 직원들 상대로 성추행이나 성희롱으로 문제를 일으킨 적도 없다. 연정을 품고 짝사랑하는 친구는 몇 명 있었지만 애교로 봐줄 만한 정도다.

그러나 낡은 구도심 일대에 번지는 재개발 붐과 건설경기 악화, 여인숙 장기방 월세의 인상이 서로 맞물려 이곳에서도 그들이 어디론가 더 만만한 곳을 찾아 서서히 사라져 간다. 이 거리가 맑아진 것도, 손님의 수준이 높아진 것도 좋지만 이들이 들락날락할 때가 그래도 활기가 넘치고 재미가 있었다.

한마디로 원초적인 사람 냄새를 물씬 풍기는 한 편의 드라마 같은 나의 노가다 사랑 이야기다.

## 5.
# 악전고투

하루 중 앉아 쉴 시간도, 심지어 화장실 갈 시간도 없이 정신없이 일했다. 15년 전 디스크 수술로 부실한 허리엔 복대를 차고 다리는 무거워 질질 끌면서, 죽더라도 식당에서 죽자 하고 목숨을 걸다시피 했다. 장사 준비로 새벽 5시에 출근, 밤 12시에 퇴근. 잠은 하루에 3~4시간. 점심 장사 후 지친 몸으로 동네 목욕탕 수면실에서 한 시간쯤 쓰러져 자고 온다. 오후 장사 준비로 오래 쉬지도 못한다.

체중이 쑥쑥 빠진다. 73kg이 65kg까지 빠진다. 그야말로 힘겨운 사투의 나날, 헤밍웨이의 『노인과 바다』에 나오는 늙은 어부는 저리 가라다.

아무것도 모르는 사장은 직원을 다룰 줄도 모른다. 그저 직원이 하자는 대로, 직원이 가르쳐 주는 대로 하고 배울 뿐. 그런데 2명뿐인 직원이 서로 손발이 안 맞아 수시로 싸운다. 한국 주방은 지보다 나이가 많은 중국 조선족 홀 서빙을 막 부리려 한다. 자존심 강한 조선족 홀도 만만치 않다.

"야 이 중국년아. 내가 너보다 나이는 어려도 식당밥 20년이나 먹었어. 이년아."

"20년이나 했으면서도 고따우로 일하냐? 이래봬도 나는 중국에서 선생 하다 왔다. 이 무식한 한국년아."

내가 참다 못 해 고함지른다.

"이기 뭐하는 짓거리고. 여기가 어디라고 싸우고 있노. 다 나가라. 이 못된 것들. 너거들하고 일 같이 못 하겠다."

2명 다 내보내고 식당 문 앞에 방을 붙이고 문을 잠갔다.

**내부 사정상 며칠간 쉽니다**

기가 찰 노릇이다. 그리고 뭐 했냐고? 만사가 귀찮아 남한산성으로 올라가 시골밥상집 〈석산정〉에서 산채나물 안주로 막걸리 2병 마시고 기운을 되찾아 내려왔지. 자신을 독려하면서.

"위기는 기회가 될 수 있어 힘내자!"

이틀 쉬고 3일째 인력사무소에서 파출 일당 2명을 지원 받아 1명은 홀 서빙, 1명은 주방 보조, 주방장은 내가 직접 직무대리. 말 그대로 악전고투의 연속이다.

아내가 돕겠다고 나오겠다 했지만 막았다. 밑바닥 삶의 치열한 전쟁터에 어울리지 않는, 아무것도 모르는 아내까지 참여시키고 싶지 않았다. 망가져도 내 혼자 망가지고 죽더라도 내 혼자 감당하자. 이건 나의 업보니까.

내가 어디 돈이 없지 가오도 없나.

## 6.
# 첫 달 성적

6월 10일 이후 20여 일의 아수라판 개업 장사도, 군대 언어로 '좆뺑이 쳐도 국방부 시계는 돌아간다'고 월말을 맞아 결산을 보았다. 그 결산 성적은

> 첫 달 6월 말 결산 (6월 10~30일)
> 매상 1,420만 원 / 순익 280만 원

이게 얼마만의 수입인가? 백수 10년만에 만져본 돈 280만 원이 월급쟁이 시절 받았던 1000만 원보다 더 귀하고 값지구나.

남들은 개업 후 한동안 적자라는데 첫 달부터 남는 장사라니 감사기도가 절로 나온다.

"하나님 감사합니다. 수호천사 어머님 감사합니다."

망하면 가장을 사표 내고 산으로 들어가 자연인으로 숨
어 살려 했는데 그럴 일은 없을 것 같다.

7.
# 24시간 영업

둘째 달 7월을 맞아 손님들의 성화에 임시로 24시간 풀 타임 영업시간을 실험했다. 일단 저지르고 보자는 내 무대뽀 스타일대로 밀어붙였다.

· 주간 영업시간: 오전 9시 ~ 오후 9시

· 야간 영업시간: 오후 9시 ~ 오전 9시

· 메뉴도 추가 - 소머리 국밥, 소머리 수육

· 직원도 보강: 주간 기존 2명에다 야간 2명 보강, 생활정보지에
　　구인광고 내고 10명가량 면담 후 발탁

야간의 주 고객은 여인숙 숙박객 외에도 택시 기사, 대리 기사, 아파트 경비, 노래방 유흥업소 손님과 종사자 등 안식과 위로가 필요한 사람들로 따뜻한 국밥과 차가운 소

주로 허해진 속을 채우는 것이다. 힘든 나날이었지만 다음 날 아침이면 하루 결산 시 수북이 쌓인 돈 세는 재미에 피곤한 줄도 몰랐다. 야간 손님은 거의 다 카드가 없고 결제는 현금이니 세금 낼 일도 없다. 추가 임대료도 없으니 완전 남는 장사다.

주야 매상 비율은 6:4로 야간 매상이 적지만 야간엔 조리 준비 작업이 많아 주간의 부담을 줄여주어 영업에 더 집중할 수가 있었다.

다 좋은데, 일 잘하고 믿음직한 야간 근무 직원 구하기가 정말 힘들었다. 주인정신은 없이 주인행세 하기가 보통이고 소머리수육을 서비스로 퍼주고 팁을 챙기기(주방), 손님에게서 받은 현금 일부 빼돌리기(홀 서빙) 등. 중심을 못 잡고 있는 사장을 졸(卒)로 알고 지들끼리 서로 해먹기 바쁘다.

마땅한 직원을 못 구해 계속 교체를 거듭했고, 새로 직원을 구하면 주방일을 가르치느라 나도 같이 야간 밤샘을 수도 없이 해야만 했다.

## 8.
# 어디 누구 없소?

24시간 풀타임 영업 효과가 서서히 나타났다. 음식 걱정, 손님 걱정은 안 해도 되는데 태산 같은 걱정거리가 있다. 바로 일잘러다(일 잘하는 직원). 그런데 우리 식당 개업 초기엔 일못러(일 못하는 직원)만 들락날락한다. 골 때린다. 구인 광고를 내면 일단 면접 보러 온다. 5분 이내의 면접 시간에 상대방을 파악하기 힘들다. 어디서 얼마의 기간 동안, 일을 어떻게 했는지 알 수가 없다. 외모를 보고 1차 면접에 통과하면 2차 며칠 일당으로 쓰며 테스트한다. 너무 내 욕심만 차릴 수 없어 웬만하면 정식 직원으로 일해 보자 맡긴다.

그러나 일을 시키다 보면 보내야 될 경우가 생긴다.
1) 일을 소화 못 시키는 능력 부족

2) 성격상의 문제

3) 기존 직원과의 마찰

4) 금전적인 문제

드물지만 본인이 그만두고 나가는 경우도 있다. 대개가 일이 힘들어서, 아니면 다른 일터의 더 좋은 조건을 찾아 서이다. 아무런 언급도 없이 사라졌다가 은행 계좌번호만 보내는 떠돌이도 있다. 직원 공백이 생기면 그 자리는 천상 내 차지다. 홀 서빙은 파출 일당을 부르면 된다 치자, 주방은 아무나 맡길 수 없다. 식당 문을 닫을 수는 없고. 늙은 땜빵 사장만 죽을 맛이다. 돈다 돌아.


지역 정보지(벼룩신문, 교차로)에 끊임없이 구인 광고를 싣는다. 심심치 않게 면접을 본다. 맘에 드는 지원자가 없다. 이 식당 저 식당 굴러다니는 돌들뿐이다. 굴러다니는 돌들 중 골라 써야 되는데 이게 보통 일이 아니다. 혹시나 하면 역시나고. 며칠 일 시켜보다 보내기를 부지기수, 피곤한 일이다. 그렇다고 남의 식당에서 일 잘하는 필수인력을 염치없이 스카우트 할 수 있나, 남의 담장에 이쁘게 박혀 있는 돌을 뽑아 담장을 무너뜨리는 짓은 차마 못 할 일이다.

어디 갈 곳을 못 찾아 헤매는 인재가 없을까?

어디 못 쓰는 돌인 줄 알고 버린 옥돌이 없을까?

저 멀리 제주도에 있다면 비행기 타고 가서라도 데려오고 싶네.

정말 일 잘하는 일꾼이라면 스카우트비를 주고라도 모셔 오고 싶네.

오매불망 일 잘하는 직원 생각뿐. 어디 누구 없소?

# 9

# 일잘러, 드디어 만나다

내가 즐겨 부르는 미국의 컨트리팝 가수 짐 리브스의 〈희망의 속삭임〉이란 노래의 가사 중에 "어둠이 지날 때까지 폭풍이 그칠 때까지 기다리자. 어둠이 지나간 뒤엔 밝은 내일이 오리니."

그토록 갈망하던 〈일잘러〉를 드디어 만나게 되었으니-.

그날 7월 말, 전날 주간주방 직원이 야간주방과 이년 저년 하며 싸우고 그만 나가니 어쩔 수 없이 내가 주방을 맡고 인력 파출에 부탁해 주방 보조 일당 1명을 배정받았다. 중국 길림성에서 유치원 교사로 재직 중 방학을 맞아 한국에서 아르바이트로 일한다는 40대 조선족 여성. 마칠 시간이 되어 그날치 일당을 주면서 "이렇게 일 잘하는 인재가 우리 직원이라면 얼마나 좋겠노" 하니 "저는 아무것도 아니어요. 우리 언니는 정말 일 잘해요." 삼국지에 나오는 서서가 유비한테 공명을 천거하듯 한다. 다급한 나는 즉시 연락해 면담 요청을 했다.

다음 날 면담 온 언니는 흑백이 분명한 깨끗한 눈에 반짝이는 눈빛, "그래 바로 이 사람이야."

이제부터 뭔가 서광이 비치는 예감이 들었다.


50세 중국 길림 출신의 〈일잘러〉 K. 그날을 기억한다. 2013년 8월 10일 K의 첫 출근. 식당이 환하게 빛났다. 총명해 보이고 날렵한 일솜씨에 감탄한 손님들이 벌린 입을 다물 줄 모른다.

"최고! 이런 후진 골목 식당에 저런 인물이 있다니."

지성(至性)이면 감천(感天)이라더니 하늘이 나를 불쌍케 보았나, 내가 하늘을 감동시켰나.

하늘이 대책 없는 내게 선물을 보냈구나. 내가 무슨 재주로 저런 보석을 구하나.

"신이여, 오 나의 수호천사여 감사합니다."


삼성 이건희 회장의 어록에 "천재 1명이 수십만 명을

먹여 살린다"란 말씀을 믿는다. 공명을 만나 천군만마를 얻어 천하를 통일하고 싶은 유비의 심경이다. 이제 나는 날개를 달았다. 흥겨운 노래가 절로 나온다.


너희들은 모르지

우리가 얼마만큼 높이 날으는지

저 푸른 소나무보다 높이

저 뜨거운 태양보다 높이

저 무궁한 창공보다 더 높이~

도요새 ~ 도요새 ~ 그 몸은 비록 작지만

도요새 ~ 도요새 ~ 가장 멀리 꿈 꾸는 새

– '도요새의 비밀' 중에서

# 10.
## 장사도 전략적으로

조직에서 리더를 받쳐 줄 유능한 참모가 있다는 것은 행운이다. 그런 참모를 잘 부릴 수 있는 유능한 리더가 있다는 것 또한 행운이다. 예전 직장 생활할 때 유능한 참모의 필요성을 절실히 느꼈다. 중장기 전략이나 단기 전술을 의논해야 되는데 본인의 아이디어는 없이 하명만 내리옵소서 상사의 입만 바라보는 참모는 답답하기 짝이 없다. K와 제반 식당 영업 작전을 의논하니 신바람이 났고 일이 척척 추진되었다.

K의 아이디어는 이러했다.

1. 메뉴를 늘려 소고기 국밥(탕) 전문점으로 구색을 갖추자.

기존 메뉴: 장터국밥, 소머리국밥, 소머리 수육

추가 메뉴: 설농탕, 도가니탕, 도가니 수육

2. 육류 구입은 마장동 축산과 직거래하고 기타 식자재는 매일 납품해주는 중간 유통상으로 바꾸자.

육류, 쌀, 야채를 비롯 필요한 식자재를 전화로 주문하면 다음 날 바로 배달해주니 나는 엄청 편해졌다. 가격도 육류는 20% 정도 싸고 식자재는 10%가량 싸게 들어왔다. 마장동 축산물 도매시장을 일주일 돌아다니며 부위별 거래처를 확보했다. 지금도 10년째 단골로 거래 중이다. K가 소개한 식자재 중간 유통상도 10년째 그대로다.

3. 식당 인근에 창고를 확보하자.

육류 보관할 냉동고 3대 정도를 설치할 공간이 필요해 보증금 200만 원/월 20만 원에 반지하를 얻었다. 덤으로 피곤할 때 쉬는 휴식 공간이 되기도 했다. 지금까지 월세 올리는 법도 없이 20만 원 그대로다.

4. 임시로 하던 연중 무휴·24시간 영업을 상시 가동 정착시키자.

5. 식당 홍보를 본격적으로 하자.

전단지를 제작하여 신문에 끼워 배포하고 전단지 아줌

마를 며칠 고용하여 인근 지역에 뿌렸다.

손님이 없을 때면 사장보다 더 애가 탄 K가 문밖에서 호객행위를 한다.

"한우국밥 정말 맛있어요. 식사하고 가세요."

야간 근무 직원을 못 구해 야간 영업을 중단할 때는 밤 10시까지만 영업하기로 하고 나는 "오늘 영업 끝났습니다" 하고 손님을 물리치고 K는 "식사 됩니다. 들어오셔요" 꾸역꾸역 손님을 받다 보면 밤 12시까지 욕심을 부린다. 고맙기도 하지만, 나는 빨리 퇴근해서 쉬고 싶은데~

아무튼 K의 주인 같은 정신이 식당을 키웠다.

> 셋째 달 8월 말 결산
> 매상 3220만 원/순익 810만 원

손님은 점차 불어나고 매상은 자꾸 늘어난다.

딸에게서 빌린 돈 500만 원을 갚고 중개수수료 외상 5백만 원도 갚고 이달부터 아내에게는 생활비로 일단 월 300만 원을 주기로 했다. 집에 월급을 못 준 지 근 10년이 넘었지 아마.

식당 창업을 결사적으로 말렸던 아내는 북적대는 손님을 보며 "당신 정말 수고했어요. 하지만 나도 매일 새벽 기도로 식당 잘되게 해달라고 얼마나 매달렸는지 모르지요?"

"왜 몰라 알고 말고, 다 당신 기도 덕분 아이가."

# 11.

# 소문난 맛집(연 5억)

맛있게 잘 먹고 간다는 인사를 열에 아홉은 받았다. 한 번 오면 대다수가 단골이 되었고, 소문을 내 주었고, 손님이 손님을 데려오니 매상은 날로 불어났다.

주야 24시간 문을 열고 손님을 맞이하니 언제라도 먹고 마실 수 있는 식당, 싸게 배불리 먹을 수 있는 식당으로 소문났다.

입소문이 얼마나 빠른지 얼마 지나지도 않았는데 인근 분당, 용인에서도 찾아오고 심지어 서울 강동, 송파 지역에서도 찾아왔다. 무슨 맛인가 하고-.

모 TV 방송국에서도 소개하겠다고 교섭이 왔는데 완

곡하게 거절했다. 오는 손님 받기도 벅찬데 방송에 나가면 아수라장이 되는 건 뻔하지. 그냥 테이블 10개 속닥하게 아는 사람만 받는 골목 안 숨은 맛집으로 만족하자 싶었다.

식당 앞에 나가 잠시 쉬고 있을 때 지나가는 행인이 자기들끼리 "이 집 국밥 먹을만 해."
"벌써 소문난 집이야."

한 번은 택시를 타고 "성남에서 국밥 잘하는 데 있습니까?" 하고 물으니 바로 우리 식당을 추천하는 게 아닌가.
이런 호평을 받으니 어찌 신나지 않을 수 있으랴. 몸은 피곤해도 잘한다 잘한다 하면 더 잘하고 싶은 게 인지상정(人之常情). 체인점 내 달라는 요청도 있었다. 물론 모두 정중히 거절했지만.

식당이 빨리 자리를 잡은 데는 싸고 괜찮은 음식 맛도 맛이지만 직원들의 헌신이 큰 몫을 했다. 개인 브랜드라 일은 힘든데도 내가 인덕이 있는지 좋은 직원들이 속속 합류해 마치 본인 장사처럼 맡겨진 일에 대해 최선을 다

하는 성실함은 사장인 나를 감동케 했다.

6개월도 못 넘기고 간판을 내릴 것이라는 주위의 예상을 뒤집고 연말 12월 결산을 해보니

2013년 총 매상 2억 1천 5백만 원

개업 후 6개월 20일 정도의 실적으론 대 만족이다.

그후 2차년도 2014년 4억 6천만 원

3차년도 2015년 5억 4천만 원

드디어 5억대로 진입했고 인근 식당가의 부러움을 받는 대장주가 되었다.

## 12.

# 2호점 개점(연 10억)

　식당이 자리를 잡고 유보 이익이 쌓이자 여유가 생겼다. 이제는 연 매출 10억대의 매상을 목표로 도약하고 싶은데 그러기엔 골목 안 테이블 10개로는 한계가 있기에 2호점을 계획했다. 마침 기존 식당과 200m 거리의 지하철 출구 바로 앞 37평 크기의 현업 떡볶이 가게가 매물로 나왔다. 배후 주택가가 재개발 추진 중이라 현재는 상권이 시들해져 있지만 5년 후 아파트 5300세대가 들어서면 전망이 밝아 보여 인수했다.

　총 인수 금액은,

　보증금 4천 + 권리금 1억 5천 5백만 원

　중개수수료 5백만 원, 인테리어 외 총 경비 6천만 원

　도합 2억 6천만 원

인테리어 공사 후 [산성 해장국밥]이라는 상호로 2호점을 오픈했다(멀지 않은 곳에 남한산성이 있고 위치가 산성대로변에 있어 작명). 1호점 개업 시의 경험으로 2호점은 일사천리로 진행되었다. 업무에 익숙한 K를 책임자로 투입하고 테이블이 17개라 직원 3명을 새로 보강하여 4명의 인원으로 영업을 시작했다. 일단 2호점은 당분간 주간만 영업하고 자리가 잡히면 1호점과 같이 주·야 24시간 영업을 하기로 했다.

2개점 8명의 직원으로 운영하자니 조직적 직원 관리가 필요해 구기 종목 중 전원 공격·전원 수비식 **All round player 방식**을 채택하여 전원 주방·전원 홀 업무 능력을

훈련하고 작업 능률 향상을 위해서는 **3S 전단표 시스템**을 도입했다. (※ All round player식 직무훈련과 3S 전단표 시스템은 다음 장에서 별도로 설명하기로 한다)

2호점은 개점 3년 후부터 1호점을 앞서기 시작했고 코로나19 와중에도 1, 2호점 합산 년 매상 10억을 달성했다. 식당 1개를 운영하다 2개를 하면 소모되는 에너지는 1+1=1.5 정도인 데 반해 시너지는 1+1=3의 효과를 거두었다고 본다.

개업 집에 어울리는 해바라기 그림을 걸어 놓았다.
〈시작은 미약하나 그 끝은 창대하리라〉

## 13.
# 코로나의 교훈

전 세계에 먹구름을 몰고 온 팬데믹 코로나는 우리 식당에도 어김없이 찾아와 전 직원이 한 번씩은 돌아가며 감염되어 영업에 지장을 주었다.

야간 영업시간을 제한 받음에 따라 어쩔 수 없이 8명의 직원을 6명으로 감축하고 영업시간은 24시 주야 풀타임에서 아침 5시~ 저녁 10시로 조정했다.

주인 의식이 강한 직원들은 스스로 재무장하여 더 친절하고 더 청결하게 서비스의 질을 높여 주었다. 식당 사장의 행복이란 일 잘하는 직원들이 각자가 사장이 되어 자기 일처럼 주인 정신으로 오래 근무하는 것인데 내가 바로 그 행복을 누릴 줄이야~

코로나 시절 우리의 마음을 현수막으로 표현한 것이

나는 이 전례 없는 위기를 구조조정과 품질 향상 전략으로 대응했다. 멀지 않아 이 코로나도 물러날 것이고 이럴 때일수록 본질(음식)에 충실하여 위기를 기회로 만들기로 작정하고 이전보다 한결 여유있는 시간을 이용하여 이름난 식당을 찾아보고 한 수 배우는데, 즉 벤치마킹을 통한 자기계발에 집중했다.

영업 제한이 극심했던 2021년도엔 연 매상이 9억도 채 못 미쳤지만 인원 감축으로 인한 인건비 절감 및 재료비, 각종 공과금, 세금도 줄어 실제 순이익은 그렇게 많이 줄지는 않았다.

기간 중 나라(정부·지자체)에서 경쟁적으로 뿌린 각종 지원금을 챙기기는 했지만 부담스러웠다. 이제 나라 곳간은 갈수록 헐거워질 게 뻔한데 이렇게 흥청망청 막 뿌려도 되려나. 이러다가 아르헨티나, 베네수엘라 같이 되지 말란 법이 어디 있나. 일으키기는 힘들게 오랜 세월이 걸리지만 무너지기는 쉽게 순식간인데-. 일개 국밥집 주인이 팔자에도 없는 나라 걱정을 한다.

나라에서 받은 지원금을 따로 모아보니 3천만 원이 되었다. 내 노력으로 벌어들인 돈이 아니고, 그렇다고 나라에 다시 돌려 보낼 수도 없고(아마도 나를 싸이코라고 하겠지) 정부의 영업 규제로 적자 운영한 것도 아닌 그야말로 공돈. 거저 받은 이 공돈을 뜻 있는 곳으로 보내고 싶었다.

사회 복지 단체에 기부할까, 어려운 종교 시설에 헌납할까, 학교 장학기금으로 기탁할까, 고심 끝에 결정은 국립 서울맹학교 시각장애 학생들 장학금으로 돌렸다. 내가 시각장애인(6급)이기에 동병상련(同病相憐)의 처지랄까?

하나도 아깝지 않고 속이 다 후련했다.

자영업의 위기는 코로나가 아니어도 여러 요인에 의해 수시로 부닥친다. 근본원인은 수요(고객)에 비해 공급(가게)이 너무나 많은 데 있는 것이다.

그 해결책은 자영업자 자신의 경쟁력을 강화하는 자구 노력에서 답을 찾아야 한다고 본다. 어차피 피할 수 없는 치열한 경쟁에서 살아 남으려면 넘어져도 다시 일어서는 근성, 오기, 집념이 답이지 돈 몇 푼 지원은 아닌 것이다.

코로나 위기에도 끄떡없는 식당을 많이 보았다. 맛있다고 소문난 식당은 여전히 줄 서서 손님으로 북적댔다. 본질에 충실한 식당은 어떠한 위기에도 여전히 빛이 났다. 뿌리 깊은 나무는 웬만한 폭풍우에도 끄떡없다는 진리를 코로나 위기를 겪으면서 새삼 깨달았다.

# 식당경영의
# 비단주머니(1)

장사에 나이가 있나요?
자기관리만 잘하는 한
창의력이 있는 한
자기만의 향기를 지니고 있는 한
장사는 나이와 상관 없습니다.

# 1.
# 장사는 아무나 하나요

가수 태진아의 노래 중에 '사랑은 아무나 하나 어느 누가 쉽다고 했나'라는 가사가 있지요. 그래요, 사랑은 아무나 하는 게 아니지요. 우선 맞는 상대가 있어야 되고 건강, 돈, 열정이 받쳐줘야 되겠군요. 장사도 마찬가지. '장사는 아무나 하나 어느 누가 쉽다고 했나.'

최근 통계에 의하면 취업자 대비 자영업자 비율이 미국 6.3% 일본 10.3% 한국 550만 명으로 20%, 즉 한국은 취업자 5명 중 1명이 자영업자로 정말 생존 경쟁이 치열합니다. 외식업체 수 65만 개(인구 80명당 1개), 창업 후 3년 생존률 40%. 아무나 그 경쟁 대열에 끼어들었다간 망하기 십상이겠네요.

자, 그럼 장사는 어떤 사람이 해야 할까요?

첫째, 절박한 상황에서 간절함이 있어야 해요. 이거 아니면 안 된다. 실패하면 죽는다는 배수진을 쳐 놓고, 다른 선택지가 없는 상황에서 시작해야 된다는 거죠.

월급쟁이는 머리, 손발만 잘 놀리면 되지만 우리 자영업자는 죽을 각오로 목을 걸어야 된답니다.

둘째, 사랑도 궁합이 맞아야 되듯 장사도 본인의 적성에 맞아야 되고 장사 자체를 좋아해야 됩니다. 그래야 즐기며 자기의 역량을 충분히 발휘할 수 있겠지요.

나의 생애 첫 직장은 당시 보너스만 연 1200% 나오는 누구나 선망하는 은행이었는데요. 딱 1년 다니고 그만두었어요. 제아무리 대우가 좋아도 은행원이 체질에 안 맞는 걸 어떡합니까.

업종이나 메뉴 선택에 있어서도 본인이 좋아하고 본인과 궁합이 맞는 메뉴를 만나야 신나게 일할 수 있겠습니다.

셋째, 자신을 불태우는 근성이 필요합니다. 장사를 일단 시작하면 끝장을 보고 말겠다는 근성이 있어야 돼요.

하다 보면 힘들어 포기하고 싶을 때가 많이 있답니다. 그때마다 무조건 버티고 시간과 노력과 열정을 쏟으면 결국엔 사는 길이 생깁니다. 자신을 태우지 않고 빛나는 별이 있을까요? 제대로 된 준비 없이 만만하게 이 장사 바닥에 발을 들이댔다가 돈 잃고 마음 상하고, 몸도 망가진 쓸쓸한 뒷모습을 10년 동안 너무도 많이 보아왔습니다.

참고로 큰 사업에서 성공한 인물들의 공통점을 찾아보았는데요.

첫째, 혈통을 무시할 수 없어요. 공부 혈통, 예능 혈통이 그렇듯이, 사업 혈통도 유전자가 대물림 하는 것 같습니다. (예를 들면 범 삼성 그룹 가계, 범 현대 그룹 가계)

둘째, 성공한 사업가들은 한결같이 머리가 좋아요. 그들은 창의적이고 순발력 있고 미래를 보는 눈이 있어요.

셋째, 에너지가 왕성해 능동적이고 적극적입니다. 치열한 경쟁에서 이겨내려면 보통의 기(氣)로선 어렵겠지요.

그러고 보니 큰 사업은 아무나 하는 건 아니군요. 그러나 우리 같은 작은 장사는 보통사람이면 됩니다. 나같이 어리바리하고 매사 한 템포 늦고 생각없이 저지르고 보는 무대뽀 스타일도 하는데요 뭐. 단, 시간과 노력과 열정을 아끼지 않는다면요.

## 2.

# 장사에 나이가 있나요

가수 오승근의 노래 중에 '야야야 내 나이가 어때서 사랑하기 딱 좋은 나인데'라는 노래가 있지요.

저는 65세, 세상 기준으로 보면 한참 늦은 나이에 장사판에 뛰어들었어요. 100세의 철학자 김형석 교수님의 강연 중의 말씀 기억납니다. '사람이 평생을 살며 정신적 성장과 완숙기는 대게 60세~80세라고'

그렇습니다. 저 자신에 대입시켜봐도 70 넘어 뒤늦게 철이 조금 들어간다 싶은 것이 역지사지(易地思之), 다른 사람의 입장에서 생각하게 되는 여유가 좀 생기더라구요.

젊은이들보다 떨어지는 것은 체력, 순발력, 스피드, 디지털 능력 뭐 이런 것이겠지요만 우리에게는 지혜, 경륜, 포용력, 분별력 같은 무기가 있지요. 우리가 기실 나이를 그냥 먹은 거는 아니잖습니까.

이 나이에 뭘, 이제 와서 뭘, 이런 말과 생각은 제발 하지 맙시다요. 직장 정년은 있어도 인생 정년은 없다지 않습니까?

앞서도 언급했지만 제가 한참 늦은 나이에 처음 장사를 시작했지만 지금 10년째 75세, 앞으로 5년 더 하면 80세. 장사의 정년은 기력이 쇠할 때까지입니다. 누가 그만두라 하지도 않아요.

좋아하는 70대 가수 2명이 있습니다. 작사 작곡도 직접 하는 싱어송라이터 최백호 씨와 심수봉 씨인데요, 남들이 흉내 낼 수 없는 특이한 음색에다가 굴곡진 삶을 통해 달관한 듯한 농후한 자세. 그들은 여전히 무대에서 크리에이티브로 여러분을 만나고 있습니다. 그리고 여러분 모두가 좋아하는 가왕 조용필, 트로트의 황제 나훈아. 그들에게서 어디 70대 노인네 냄새는커녕 만개한 라일락 향기가 나지 않나요?

우리 장삿꾼도 마찬가지. 자기관리만 잘 하는 한, 창의가 있는 한, 자기만의 색깔, 자기만의 향기를 지니고 있는 한 정년이 없습니다. 결론적으로 장사엔 나이가 없습니다. 지금 시작해도 늦지 않습니다.

# 3

# 창업 방식

식당 창업에서 맨 먼저 결정할 사항은 개인이 직접 독립적으로 할 것이냐 아니면 프랜차이즈 가맹점으로 할 것이냐입니다.

독립 창업은 하나에서 열까지 스스로 결정하고 실행하는 어려움이 있지만 본사의 간섭이나 제약 없이 스스로의 능력을 맘껏 펼쳐 자기 작품을 만들 수 있습니다. 의사 결정이 쉽고 빠르고요. 부가가치도 높고요. 창업 자본이 부족하나 특별한 메뉴에 대한 자신이 있다면 권장할 만한 방식입니다.

프랜차이즈 창업은 본인의 창의력 없이도 가맹 본사가 지원하는 운영 전반의 노하우를 그대로 잘 따라하면 되므로 무경험자도 쉽게 창업할 수 있는 반면에 높은 창업 비용을 지불해야 됩니다. 그리고 독자적 자율 운영은 안 되고 계약 변경이나 해지도 물론 불가합니다. 한마디로 가맹본사에 종속되는 거지요.

높은 브랜드 인지도가 필요한 아이템(item)에는 맞습니다.


결국 독립적 창업이냐 프랜차이즈 창업이냐 결정은 본인의 자본력, 개인 성향, 메뉴를 감안하여 신중히 결정할 일입니다.

(이 문제는 대단히 중요하므로 4부에서 구체적으로 짚어 보겠습니다.)

# 4.
# 가게 자리

식당 성공의 3요소는 일반적으로 입지, 음식, 직원이라 하지요. 그중 입지는 한번 자리를 잘못 잡으면 빼도 박도 못 하니 애초에 충분한 시간과 노력이 필요합니다.

결혼 전 배우자 선택과 같습니다. 좋은 배우자를 만나면 인생의 반은 성공한 거와 마찬가지지만 잘못된 만남의 결혼은 반품도 교환도 폐기도 안 되는 정말 골치 아픈 것처럼.

그러니 그 선택은 신중히, 지혜롭게 이성적으로 해야겠지요. 직관적(feel)으로 선택하고 성급히 결정할 문제가 아니겠네요. 가게를 구하는 것도 배우자를 구하는 거랑 얼추 같다고 보면 됩니다. 발이 부르트도록 발품 팔고, 이리 보고 저리 보고, 낮에도 보고 밤에도 보고, 배후 세력도 살피고, 전 임차인의 폐업 사유도 알아보고, 임대인이 문제 있는지도 확인하고요. 임대인 잘못 만나면 아주 애 먹습니다. (기한만 되면 임대료 대폭 올리기, 권리금 인정 안 하기, 기한이 되어 재계약 안 해주고 내쫓고는 임대인이 권리금 챙기기. 심지어 본인이 직접 장사한다고 계약 기간 연장을 거부하는 임대인도 간혹 있음) 그러나 이런 악한 임대인은 만 명의 하나 정도, 걱정할 필요는 없습니다. 개중에는 착한 임대인도 많이 있습니다.

주위 안목 있는 지인에게도 보이고 자문을 받으십시오. 나만의 주관이 아니라 철저히 객관적인 입장에서의 판단이 필요합니다. 너무 고르다 다른 사람이 채 간다고요? 그럼 그때는 "저 자리는 나와 인연이 없다" 포기하고 더 좋은 자리를 찾아보는 거죠.

그러면, 어떤 자리가 좋을까요? 저의 경험상으로는
1) 자택과 같은 행정구역
자택과 거리가 가까울수록 좋고 대중교통이 편리한 곳
2) 일정 유동 인구가 받쳐주는 곳
배후 주택가, 주변 상업시설, 지하철, 버스정류장, 시

장, 학교 등

3) 가급적 메인거리의 1층(젊은이 상대는 2층도 가능)

이면도로, 뒷골목은 메뉴가 특출하지 않는 한 피하고

4) 상권이 살아있는 곳

저의 창업 당시의 1호점 같이 1차선 골목이지만 현재 살아 활성화되어 있거나, 그후 두번째 개점한 2호점 같이 자리를 잡을 당시는 배후 주택지가 재개발 진행 중이라 주민들이 이주하고 있었고 따라서 상권의 활성화는 5년 후를 기약해야 했지만 5년이 지나 아파트 5300세대가 입주한 현재의 상황은 지역 내 최고의 상권으로 부상되고 있어 참고 기다린 보람이 있는 것처럼요.

상권이 살아있는 곳은 비교적 권리금, 임대료가 높게 형성되어 있지만 개중에는 예상외로 싸고 좋은 물건도 있기 마련입니다. 발품을 많이 팔수록 인연이 있는 좋은 가게를 만날 수 있습니다.

5.

# 상가 권리금

점포 임차 시 권리금은 한국적인 오랜 관행이랄까요. 좋은 입지의 공급은 적은데 수요가 많다 보니 자연히 시장 가격이 임의로 정해지고, 이 가격은 점포 위치에 대한 바닥 권리와 설비 및 집기, 그리고 그동안 기반을 다져온 영업권리의 유·무형 가치로 당사자 간의 조정에 따라 결정됩니다. 주로 현 운영자가 전 운영자에게 지불하고 인수한 금액에다 현재 영업의 손익 상태를 반영해 제시하지요.

가게를 내놓는 입장에선 하루라도 빨리 정리하고 싶으니 웬만하면 절충 가능합니다. 실 예를 한 곳 들까요? 주변에 괜찮은 가게가 하나 나왔습니다. 현 임차인이 인수할 때 1억을 주었으므로 처음엔 권리금 1억을 불렀지요. 임대 만료 기한은 가까워 오는데 인수자를 못 만나니까 결국엔 3천으로 조정되었습니다.

참고로 이 상가권리금에는 중개업자의 농간이 개입될 소지가 많습니다. 특히, 창업 컨설팅 업체의 중개에는 더욱 그러하니 조심해야 합니다.

이웃가게 하나 실 예로 듭니다. 옷 가게 하던 사장이 재미가 없어 권리금 5천에 가게를 내놓았는데 근 1년 가까지 매수자를 못 구하다가 창업 컨설팅에 의뢰, 컨설팅 직원의 중재로 4천만 원으로 내놓습니다.

직장(은행)을 그만둔 지 얼마 안 된 40대 중년이 그 가게를 컨설팅의 농간으로 권리금 7천을 주고 인수해서 체인 죽 집을 차렸네요.

자, 그럼 상가 컨설팅 중개업자의 농간액은 얼만가요? 15평짜리 작은 가게를 중개해주고 3천만 원! 그렇다고 대다수 상가 중개인이 농간을 일삼는 것은 아니고요, 일부에 한하겠지만 가게 권리 계약하기 전에 전적으로 중개인에게 맡기지 말고 주변 시세도 알아보고 현 가게 임차인도 만나 직접 네고(절충)를 해보기 바랍니다. 손해 볼 일은 없습니다.

반면, 권리금이 없거나 낮은 가게는 그만한 이유가 있고 상권 형성이 취약하여 특별한 ITEM이 없는 한 자리 잡을 때까지 고전하기 십상이지요. 나중 가게를 접을 때 회수 가능성도 고려하고요.

또한 권리금은 가게 임대료와 연관성이 있습니다. 즉, 임대료가 낮으면 권리금이 높고, 임대료가 높으면 권리금은 상대적으로 낮게 결정되는 경향이 있습니다. 그러니 권리금과 함께 임대료가 저렴한 가게를 물색함이 마땅합니다.

# 6

# 전문점이 답이다

좋은 음식을 찾아 먹는 것으로 즐거움을 삼는 식도락가나 미식가들의 공통점은 전문 음식 맛집만을 찾아 다니는 것입니다. '식객 허영만의 백반기행' TV프로그램은 하나같이 전문 음식 몇 가지로 소문난 맛집들을 만화가와 예능인이 방문해 소개합니다.

저 역시 밖에서 외식할 때면 이왕이면 전문 음식 맛집을 수소문해 찾아갑니다. 여러가지 다양한 메뉴를 내놓는 일반 음식점에는 그냥 한끼 때우는 정도지 손님의 입맛을 사로잡는 음식을 만나기가 쉽지 않습니다. 그래서 유동인구가 엄청 많아 지나다니는 뜨내기 손님으로도 매상이 충분하다면 모르겠지만 그렇게 좋은 입지가 아닌 담에야 무조건 전문 식당이라야 됩니다.

전문식당이 경쟁력이 있는 이유는

1. 맛을 집중적으로 연구 개발할 수가 있다.
2. 회전율이 높아 식재료가 신선하다.
3. 식재료의 대량구매로 원가를 낮춘다 → 박리다매가 가능하다.
4. 냉장고 재고 보관 관리가 용이하다.
5. 적은 인원으로 조리가 가능해 인건비가 절감된다.
6. 손님에게 신뢰감을 준다.


저는 소고기국밥을 좋아하는 손님으로만 한정해서 개업 당시 소고기 국밥(장터국밥) 한 가지로만 시작했는데 그후 소머리국밥 → 설렁탕 → 도가니탕 → 양선지국밥 → 수구레국밥으로 소국밥 그룹 전문점이 되었네요.

저의 국밥 멘토인 대구 권 사장님의 말씀을 한 번 더 소환할까요?

"소에다가 돼지니 닭이니 오만거 때만거 다 갖다 붙이면 죽도 밥도 아이라. 돈이 도망가뿐다. 오로지 소로만 승부를 보이소."

# 7

# 3S(전단표) 시스템

이제 식당 2개점에다 손님이 늘어나 일손이 바빠지니 체계적인 주방 관리가 필요해졌고 이를 위해 생산성 향상의 3대 요소인 3S(Special, Simple, Standard) 시스템을 도입하기로 했습니다.

---

**1. 전문화**

음식의 종류를 한정하고 에너지를 집중하여 전문점으로 특화시키는 것이다.

이는 직원의 숙련도를 높이고 음식 맛의 개발을 촉진하고 원가절감의 효과와 함께 박리다매를 가능케 한다.

또한 전문점의 이미지는 고객의 신뢰로 이어진다. 고객이 인정하는 유명 맛집은 대개가 전문점인 것도 다 이런 이유인 것이다.

---

## 2. 단순화

메뉴와 레시피를 단순하게 하고 불필요한 도구, 재료를 배제하여 간소화한다.

주방도 꼭 필요한 도구만으로 정리정돈하여 일을 수행하기 편리하게 한다.

또한 저장고의 재료 보관을 적정량으로 조절하여 신선도를 높인다.

이러한 단순화로 직원의 숙련도가 높아짐과 동시에 규모에 비해 많은 주문도 소화해 낼 수 있는 것이다.

## 3. 표준화

조리 시 투입되는 레시피의 재료, 분량을 계량화하여 항상 일정한 맛 수준을 유지하고 정량을 설정, 통일적인 질서를 세운다.

누가 주방을 맡더라도 정해진 레시피대로만 기계적으로 하면 되게끔 한다.

이러한 3S(전단표) 시스템은 상호 보완 관계로 어우러져 서로 조화를 이루어야 효과를 극대화할 수 있습니다. 이는 결과적으로 적은 직원으로도 많은 손님을 감당할 수 있겠습니다.

반제품 혹은 가공된 제품을 본사로부터 받아 간단한 조리 과정을 거쳐 손님 상에 올리는 프랜차이즈 가맹점과 달리 개인 브랜드 식당은 원재료 구입 → 1차 가공 → 2차 제조 → 3차 조리 과정을 거쳐 완성되는 만큼 주방 시스템을 전문화, 단순화, 표준화하지 않으면 비효율적이 되어 생산성 향상을 꾀할 수 없습니다.

전단표 시스템은 우리 같은 개인 브랜드 식당에서는 필수적이라 할 것입니다.

# 8

# 올라운드 플레이어

구기 운동 경기에서 공격에도, 수비에도 뛰어난 선수를 올라운드 플레이어(All round player) 즉 공수겸장이라고 하는데 우리들 식당에도 주방·홀서빙 경계 구분 없이 직무를 수행할 수 있는 직원으로 구성되어 있다면 얼마나 인력 관리가 수월할까요.

직원 중 사정상 결원이 생겨도 걱정할 필요가 없으니 식당업에서 가장 골치 아픈 문제가 해결되는 것입니다.

이러한 공수겸장 선수로 육성하기에는 전제조건이 필요한데요, 먼저 직원이 식당에 대한 충성도가 높아 헌신의 마음이 우러나고 몸을 아끼지 않는 협동 정신이 있어야 됩니다.

다음은 홀담당 직원이 간단한 주방 업무는 손쉽게 할 수 있게끔 구조를 갖춰 놓아야 됩니다. 그것이 바로 전단표(전단화·단순화·표준화) 시스템이 되겠습니다.

전문적인 메뉴로 한정해서, 일을 단순하게 만들고, 괄호 안에 대입만 하면 되는 모델을 만들어 높으면 됩니다. 누구나 손쉽게 배울 수 있고 만들 수 있는 시스템을 구축해 놓는 거지요.

그러기 위해선 주방과 홀 사이 칸막이를 없애고 자유롭게 드나들 수 있게끔 OPEN형으로 애초에 인테리어를 합니다. 그러면 손님이 많지 않을 때는 혼자서도 너끈히 손님 접대를 할 수 있습니다.(홀서빙 + 주방조리)

휴게 시간에도 식당 문을 닫지 않고 직원은 교대로 쉬면서 혼자서도 손님을 너끈히 받을 수 있게 됩니다.

일반적으로 식당에는 사장이 자리(카운터)를 지키고 감독해야 된다고들 하지만 올라운드 플레이어를 양성해 높으면 사장이 부재 시에도 전략적이지 않는 일반적인 사장의 업무는 직원이 대신 하게 됩니다.

그러기 위해서는 사장이 직원을 전적으로 믿고 맡겨야

됨은 물론입니다.

우리 식당의 카운터 계산은 전 직원 모두가 담당하고 모두가 사장 대리 역할을 하고 있습니다.

그러니 사장인 제가 얼마나 자유롭겠습니까.

## 9.
# 메뉴 선택

식당을 창업하고 싶은데 무슨 메뉴로 도전할까? 가게 입지와 마찬가지로 이 또한 매우 중요한 선택입니다. 우선 내가 좋아하는 음식은 무엇인가. 그 음식에 내가 푹 빠질 수 있을까. 푹 빠져서 대한민국 열 손가락 안에 들 수 있는 맛을 낼 수 있겠는가.

인기 작가 김연수의 사랑에 대한 글입니다.

사랑이라는 게 뭔가? 그건 그 사람에 대하여 남들보다 더 많이 아는 것, 그래서 그 사람을 자기처럼 사랑하는 것. 즉, 그 사람의 눈으로 이 세상을 바라보는 일이다. '바로 그 사람'에게 시간과 노력을 쏟고, 그 사람에게 감정 이입하여, 그 사람의 눈으로 이 세상을 바라보는 일. 그것이 사랑이다.

사람 대신에 도전하는 메뉴(예: 국밥)를 넣어 보세요. 답은 거기에 있습니다.

필자가 소고기 국밥을 창업 메뉴로 택한 이유도
1) 내가 좋아하고
2) 내가 잘할 수 있을 것 같다는 것이 크게 작용했습니다.

중식이나 일식에 도전하기에는 자신이 없었고 양식도 요리학원에서 배우기는 했지만 흥미가 안 났습니다. 본인 스타일과 능력에 맞는 메뉴라야 되겠지요. 그 외 생각한 게 삼계탕, 추어탕, 콩나물국밥, 감자옹심이, 굴국밥 등이 있었는데 어때요? 다 나이든 시니어가 해도 무난하지 않나요?

은퇴 창업자들이 선택하는 아이템을 보면 누구나 쉽게 대응하는 치킨, 피자, 커피 등 폼이 그럴싸하고 창업에 손쉬운, 그러다 보니 경쟁이 심해 살아남기 힘든 거지요.

우리 에너지가 딸리는 시니어들은 분수를 모르고 저들(우리보다 젊은)과 같은 조건에서 경쟁하다가는 절대 이길 수 없습니다. 흉내도 내지 마세요.

얼마 전 YouTube에서 '휴먼스토리'라는 프로를 본 적이 있는데 거긴 젊은 벤처들이 열정을 불태워 단기간에 성공한 이야기를 보여주는데 대단한 친구들이 많더군요.

우리 시니어는 독자적인 독보적인 자기만의 메뉴를 개발해야 됩니다. 메뉴는 여기저기 얼마든지 널려 있으니까요.

"구하라! 그리하면 얻을 것이요."

## 10.
# 뚝배기 속의 사랑 한가득

'뚝배기'

단어 자체가 주는 투박한 어감으로 인해 정겹고 친근한 이미지.

『뚝배기, 이 좋은 걸 이제야 알았다니』에서 저자 서주희는 "뚝배기는 자칫 허술해 보이기 쉬운 음식을 한층 근사하고 맛깔스럽게 만들어 주는 요물"이라고 찬탄합니다.

바닥만 금세 뜨거워지는 일반 냄비와 달리 그릇 전체가 서서히 달아올라 빨리 끓지는 않지만 열이 재료 속까지 고루 전달되어 깊은 풍미를 느끼게 해주는 뚝배기.

또한 비열이 큰 뚝배기는 데워지는 데 시간이 오래 걸리는 만큼 쉬 식지를 않아 음식의 온기를 유지하는 데도 최상의 용기.

투박하고 못생긴 이 용기를 두고 "뚝배기보다 장맛이 좋다."라고 겉모양은 보잘것없으나 내용은 훨씬 좋을 때야 쓰는 이 속담을 나는 "뚝배기도 좋고 장맛도 좋다."에서도 한걸음 더 나아가 "뚝배기에 담은 국밥이라야 제맛"이라는 새로운 속담을 만들어 봅니다.

나와는 궁합이 잘 맞는 이 못생긴 뚝배기에 잘난 음식으로, 그것도 정성을 다해 손님들께 대접하자고 마음 먹습니다. 무엇이든 최고로 - 최고의 쌀, 최고의 양념, 최고의 대파, 최고의 무, 최고의 배추 우거지, 고기도 가급적 최고의 한우, 사골육수는 직접 고아 우려낸 진국(이 최고의 개념은 예전 삼성에서 근무할 적에 그룹의 경영 철학인 〈제일주의〉에서 배웠음).

위의 재료를 일일이 다듬고 삶고, 썰고, 그것도 기계가 아닌 직접 손으로. 직원들 수고가 이만저만 아니지만 도리가 없잖습니까? 냉동 포장 완제품을 받아 데워만 나가는 편한 식당은 내 체질이 아닌걸요.

10년 넘게 지역 손님들의 한결 같은 사랑을 받게 된 비결도 바로 여기에 있습니다.

이렇게 정성을 다한 음식을 뚝배기에 담아 보글보글 끓여 따뜻한 미소와 함께 손님 상에 나가고 손님은 첫 숟갈을 입에 넣자마자 "소주 한 병!"

입안에 퍼지는 따뜻하고 알싸한 기운이 소주를 부릅니다.

국밥 장사는요, 단순히 사랑과 정성으로 하면 됩니다. 원칙과 정도를 지키고, 꾸준히 노력한다면 누구나 성공할 수 있다고 봐요. 마치 뚝배기같이.

외유내강의 진면목 뚝배기를 위해 건배사 한번 올릴까요?

뚝 – 뚝심있게

배 – 배짱있게

기 – 기운차게

## 11.
# 레시피(조리법)

저의 경험을 먼저 나눌까 합니다.

어느 날 문득 오래전에 취득한 한식조리사 자격증(대단한 것이 아니고 요리학원 몇 달 수강하고 집중하면 거의 다 합격, 저의 경우 3개월 학원에서 배우고 2번만에 합격)을 떠올리게 되고 지푸라기라도 잡고 싶은 심정으로 작은 식당을 하나 차릴 엄두를 냅니다. (사실 그 자격증은 요리 배우는 학생들 취업 및 외국인 F4 비자 취득에도 필요하지만 일반인도 음식의 기본을 익힐 수 있음)

그 종이 쪼가리를 믿고 덜컥 가게를 얻습니다. 메뉴를 소고기 국밥으로 정합니다. 메뉴에 맞는 인테리어를 합니다. 그런데 제일 중요한 국밥 만드는 조리법(레시피)을 모릅니다.

'이것 참 큰일났네, 야단이 났네요. 이걸 어디서 배우지?'

부랴부랴 인터넷을 뒤져 봅니다. 그러다가 우연히 걸려든 것이 대구의 「참소한우국밥」. 가서 먹어보고, 조언을 듣고, 응용해서 만든 것이 우리 식당의 대표 시그니처 메뉴인 「장터국밥」으로 10년째 손님들의 사랑을 받고 있습니다.

이건 저만의 방법이지만 독자 여러분과도 공유하고 싶은 것은

1) 메뉴를 정한다

2) 국내에서 잘한다고 소문난 맛집 5곳 정도를 찾아간다

3) 시켜서 먹어본다

4) 포장해 온다

5) 내용물을 분석한다

6) 만들어 본다

즉, 벤치마킹(bench-marking)하는 겁니다. 시중에 레시피를 돈 받고 전수해주는 요리사들이 있다고 들었는데 어

렵겠지만 직접 몸으로 부딪히고 연구해서 자기 작품을 만들어 보기를 권합니다. 인터넷 사이트를 뒤져보면 레시피가 도처에 널려 있습니다. 최고의 맛집, 음식, 사실은 별거 아니니 시간과 노력을 들이고 열정을 쏟으면, 거기다가 운까지 따라주면 여러분도 대박 작품을 기대할 수 있습니다.

"두드려라 그러면 열릴 것이다."

## 12.
# 상호 작명

　개업을 하기 전에 먼저 상호를 정해서 해당 구청에 영업 신고를 하고 세무서에서 사업자 등록증을 (처음엔 간이과세자로) 발급받습니다. 그리고 그 상호로 간판 디자인을 합니다.

　쉽고 간단한 것 같아도 어렵고 중요한 게 상호 작명입니다. 한국인에게 친숙하면서 부르기 좋은, 한 번 들으면 쉽게 기억되는, 그러면서도 다른 기존 상호와 차별적인 이름을 찾아봅니다. 너무 요란스레 튀는 이름보다는 평범하면서도 정이 가는 이름이 무난하겠지요.

　'전주 비빔밥', '춘천 닭갈비', '남원 추어탕' 같은 지역 이름도 괜찮고 '김가네 김밥' 같이 간단한 성으로 하든지,

음식에 대한 자신감이 있다면 '최미자 소머리국밥' 같이 이름을 내세워도 됩니다.

외국 음식을 취급한다면, 이태리식이면 '나폴리 피자', 일본식이면 '삿포로 우동', 중국식이면 '상하이 짬뽕' 같이 지역 이름도 우리에게 친근하게 다가오겠지요.

나도 상호작명에 엄청 고심을 했습니다.

1호점엔 소시민의 밥상, 스타 파이브, 국밥 한그릇, 그렇게 헤매다가 참소 한우국밥으로 정해졌고 2호점엔 참소 장터국밥, 참소 해장국밥, 역전국밥, 그러다 최종 결정은 산성 해장국밥이 되었어요.

그리고 누군가가 먼저 그 상호를 특허청에 상표 등록한 게 아닌지도 확인해야 됩니다. 일반적인 고유 명사가 들어가는 상호는 상표 등록이 안 되므로 사용 가능하답니다. 사업자 등록 전에 잘 작명해야지 도중에 바꾸면 간판도 바뀌니 사람들은 '또 저 집 망했군' 인식도 안 좋고 개명에 따른 행정 절차도 번거롭습니다.

# 13.
# 음식 가격 책정

음식 가격은 해당 메뉴의 시장가격 또는 경쟁업소의 가격을 참고합니다. 또한 원가를 감안하고 적정 마진도 고려합니다.

가격 책정을 박한 이윤으로 많이 파는 저가 박리다매로 갈거냐, 아니면 적게 파는 대신 고가로 갈거냐는 메뉴 수준에 따라, 대상 고객층에 따라 결정해야 되겠지만 중요한 것은 이유여하를 불문하고 무조건 가성비(가격대비 만족감)가 높아야 한다는 사실입니다.

식당에선 간단하게 판단하는 방법이 있습니다.

손님이 계산하며 "맛있게 잘 먹었습니다" 또는 "잘 먹고 갑니다" 인사를 하면 가성비가 높은 것이고, 말없이 인상

쓰고 나가면 가성비가 낮다고 봐도 무방합니다.

여건만 되면 음식 장사는 박리다매가 최고인 것 같습니다. 손님들이 고마워하고 직원들도 사기가 높고-. 단지 손님이 너무 많아 기존의 직원으로 감당하기가 벅차다면 인원 보강이냐, 가격 인상으로 손님을 걸러 내느냐를 두고 고민해야 됩니다. 왜냐하면 인건비가 워낙 부담되니까요.

박리다매 전략으로 가겠다면 〈물가안정 모범업소〉로 지정 받아 착한 가격 명패를 달고 적게 남기는 대신 많이 파는 길밖에 없습니다.

착한 가격 지정업소 선정은 지자체에 신청하면 음식의 수준, 가격, 환경, 위생, 종업원 친절도 등을 심사하여 결정되는데 일단 지정이 되고 나면 가격을 함부로 못 올리고 모범업소에 걸맞는 맛을 유지해야 계속 인정을 받습니다.

저가의 음식이라면 지정 받을 만합니다. 우리 식당도 착한 가격 명패를 달고 많이 도움이 되었습니다.

음식 가격을 올리는 것은 사실 괴로운 결정입니다. 올리자니 손님들께 미안하고, 안 올리자니 가게 형편이 어렵고.

가격 인상시에는 사전에 공감대를 형성하고 최대한 남들보다 늦게 올리는 것이 평판에 좋습니다. 특히 주류 가격은 제일 늦게 올리는 것을 권합니다.

그리고 가격을 9,900원 이런 식으로 낮게 보이려고 트릭을 쓰는데 별로 권하고 싶지 않습니다. 그런 것은 아이디어가 아니라 가격 눈속임입니다.

# 14.
# 인재제일

일본 경영의 神으로 추앙 받는 파나소닉의 창업주 「마츠시타 고노스케」의 어록에서 "사업은 사람이 전부다. 사람을 찾는 일, 사람의 능력을 키우는 일, 그 사람의 능력을 잘 활용하는 일이 사업에서 가장 중요한 일"이라고 했습니다.

지금은 모르겠으나 예전 삼성에서 근무할 적에 이병철 선대 회장의 경영철학을 액자를 통해 매일 접했더랬습니다.
"인 재 제 일"
그분은 초창기 신입사원 면접 때 직접 참관을 할 정도로 인재에 대한 관심이 각별했다지요.

말이 쉽지, 사람 찾는 일 이거 정말 어렵습니다. 대기업이야 좋은 조건으로 사람 찾기가 어렵지 않겠지만 소규모

자영업자, 그것도 우리 같은 개인 브랜드 식당에서는 결코 만만치가 않습니다. 그런데도 불구하고 찾아야 되겠지요.

인연이 되는 좋은 사람 어디엔가 있기 마련입니다. 기도에 감동받은 여러분의 수호신(조상이기도 하고)이 보내주던가, 구인광고, 인력소개소, 직원을 통한 소개 등 모든 구인 채널을 총동원합니다. 식당은 돌아가야 되는데 사람을 못 구하면 애간장이 탑니다. 특히, 주방 인력을 제때 못 구하면 임시라도 문을 닫아야 될 경우도 생깁니다.

요식업 인력이 부족한 근본 원인은 수요>공급이고 근로조건이 열악하다 보니 지원자가 많지 않다는 것입니다. 게다가 최근 4~5년간 급격한 임금 인상은 자영업자로 하여금 고용을 억제케 하는 악효과를 보여주고 있습니다.

다음은 구직 희망자 중 면담을 통해 선별해야 되는데 알갱인지 쭉정인지 골라 내기가 어렵습니다. 1차로 마음에 들면 2~3일 일당으로 써보고 테스트합니다. 작은 식당에서 사람 잘못 쓰면 곤경에 빠질 수가 있습니다. 기존 직원과의 조화도 고려해야 됩니다. 자칫 굴러온 돌이 박힌 돌을 뽑는 경우도 생깁니다. 애초에 잘 골라 써야 됩니다.

인재에 대한 욕심은 아무리 부려도 지나치지 않습니다만 부득이 보내야 할 경우도 생깁니다. 그때는 마땅한 명분과 설득과 적절한 보상이 따라야 함은 물론입니다. 고용노동부에 불려가 망신당하지 않도록 근로기준법을 잘 지킵니다. 일단 직원으로 채용했으면 계속 근무하고 싶은 환경과 근로조건을 개선하는 노력이 필요합니다.

지금은 근로자의 입장에서는 많이 좋아졌습니다. 반면에 자영업자 입장에선 그만큼 힘들어진 거지요.

제가 처음 창업할 당시(2013년)만 해도 마음에 차는 사람을 못 구해서 그렇지 일하려는 사람은 많았고 최저임금이 시급으로 4,860원. 평균적 월 급여는 180만 원 수준, 그렇게 부담되지는 않았지요.

2023년 현재는 어떤가요. 가파르게 오른 시급은 9620원. 100% 올랐죠? 월급여는 업소마다 다르겠지만 대략 300만 원선, 퇴직금(1년 근무에 1달치 급여), 4대 보험료 1/2 부담, 형편에 따라 연 6일 정도의 유급휴가 및 약간의 휴가비, 거기다가 주 1회 휴무 및 매일 1시간의 휴게 시간.

사람 쓰기가 만만치 않습니다. 게다가 쓸 만한 사람도 찾기 힘듭니다. 쉽고 만만한 게 배우자라고 나가서 거듭니다. 의견 충돌로 종종 싸우게 됩니다. 싸울 거면 힘들더라도 혼자 하는 걸 권합니다. 서로 좋은 모습 보여줄 일이 별로 없습니다. 저의 경우도 집사람 없이 오로지 혼자서 했습니다. 마음은 편했습니다. 잘 살아 보자고 하는 일인데, 가정 파탄 나면 큰일이지요.

최고의 사장은 스스로 일잘러가 되든지, 아니면 일 잘하는 직원을 데려와 기존 직원들의 부담을 덜어주고 가게를 잘 돌아가게 만드는 사람입니다.

# 15

# 일잘러

지역정보지 구인 광고를 보면 종종 '중국 교포 사절'이라는 문구를 보게 되는데요. 중국 조선족 직원에게 안 좋은 기억이 있는지 모르지만 그런 선입견으로는 좋은 직원을 만나기 힘듭니다. 일 잘하는 사람이 최고지 한국인 아니면 안 쓴다는 편견은 20년 전이라면 모를까 세계화 시대엔 못난 사고방식이지요. 일 잘하는 한국인은 이미 늙어 힘을 못쓰고, 힘쓸 만한 이들은 3D 업종을 기피하지요. 지금의 한국인은 웰빙(well-being), 워라벨(work and life balance) 같은 배부른 선진국 문화를 너무 일찍 알아버렸습니다. 코로나가 악착같이 일하지 않아도 살 수 있다는 것을 가르쳐 주기도 했고요. 나라에서 베푸는 공짜 복지 맛을 들였거든요.

그러나 외국인 근로자는 본국에서 받는 임금보다 한국에서의 상대적으로 높은 임금이 3D 직업도 마다하지 않는 이유겠지요. 저도 초창기엔 한국인 위주로 직원 구성을 했는데 며칠 해보고 힘들다고 나가 버리고, 일 못하고 불성실하니 보내버리고. 식당 자리도, 음식도 다 좋은데 주인인 나를 받쳐주는 든든한 일꾼을 못 구해 쩔쩔매던 차에 운명처럼 들어온 중국 조선족 K가 골목 안 작은 국밥집에 들어와 가게를 살려 주었지요. 그때부터 중국 조선족에 대한 좋은 인식이 지금 같이 일하는 6명 모두를 중국 동포로 구성하게 만들었습니다.

가게를 흥하게 하는 것은 결국 일잘러(일 잘하는 사람)인데 외국인이면 어떻습니까? 특히, 중국 동포 조선족은 우리와 언어가 통하고 어떤 고난도 이겨낼 수 있는 정신력과 체력을 갖추어 합당한 대우만 보장되면 몸을 아끼지 않습니다. 그래서 3D 업종(특히 식당, 간병)에는 그들이 없으면 일이 돌아가지 않습니다.

우리가 예전 가난했던 1960년대 남자는 광부로, 여자는 간호사로 잘 사는 독일의 3D 인력 부족을 메워주고 돈 벌어 고국에 보내던 당시 상황과 지금은 입장이 바뀌어 너무나 흡사합니다.

가장 믿음직하고 일 잘하는 사람은 바로 식당 사장 자신입니다. 나는 사장입네 하고 카운터 정도만 보고 직원을 부리겠다 작정한다면 식당 장사는 일찌감치 접어야 됩니다.

20년 전 일본 동경을 여행 갔을 때 작은 식당에 가보면 나이 든 노부부 둘이서 가운을 입은 영감님이 주방을 맡고 두건을 쓴 할머니는 홀을 맡아 정성을 다하는 정경을 보았습니다. 이것이 장차 노인 천지 우리의 모델이 될 것입니다.

최소한 가게가 자리 잡을 때 까지는 사장은 전천후 선수(All round player)라야 자신도 살고 가게도 살게 됩니다. 사장 자신이 선수로 무장되면 사람을 찾고 능력을 키우고 활용하는 것도 어렵지 않습니다. 좋은 사람 구할 때까지 시간을 벌 수 있으니까요.

# 16.
# 벤치마킹(bench-marking)

가왕 조용필의 〈창밖의 여자〉 가사 중엔 '누가 사랑을 아름답다 했는가.' 나는 이렇게 개사하고 싶습니다. '누가 장사를 어렵다고 했는가.'

장사를 가장 쉽게 하는 방식을 지금부터 소개합니다. 바로, 벤치마킹입니다. 해당 분야에서 우수한 상대를 대상으로 상대의 방식을 배우고 응용하여 자기 혁신을 도모하는 기법을 벤치마킹이라 하는데 이는 우리 식당업에서도 매우 유용합니다.

식당 업주가 오류에 빠지는 것이 있는데 뭐냐하면 내음식이 최고다. 더 이상 배울 것이 없다 하는 자만과 아집입니다. 남이 자기 음식을 낮게 평가하면 인정하지 않으려 합니다. 이런 부류의 업주가 거의 대부분이지요. 그러니 발전도 없고 시종일관 경기 탓만 하는데 시간 제한, 거리 제한에 어쩔 수 없었던 코로나 시국은 핑곗거리로 그저 그만이었지요.

나의 취미 중 하나는 맛집을 찾아다니는 것입니다. 맛집 중에서도 내가 취급하는 음식을 위주로 많이 다녔지요. 서울에서 유명한 설렁탕, 도가니탕집은 거의 다 가봤고요. 소머리국밥, 양선지해장국으로 유명한 집을 찾아 경기도 광주, 양평을, 소고기 국밥을 찾아 대구를, 수구레 음식을 찾아 수도권 일대를, 전국 어디든 맛있다고 소문난 집은 소풍 삼아 거의 다 가봤습니다. 목적은 벤치마킹이지요.

나는 내 식당이 항상 부족하다고 생각해요. 그래서 잘한다고 하는 일류가 있으면 가서 맛보고 배울 점을 찾습니다. 음식 맛도 보지만 종사원의 태도, 내부 환경, 주방 구조 등 동향을 엿보는 것은 이왕 간 김에 현장 수업을 받고 오는 거지요. 맛있는 음식은 포장을 해와 직원들에게 소개하고요. 거기서 얻은 소재를 내 식당에, 내 음식에 적용하여 오늘날 소고기국밥 전문점의 명맥을 유지하고 있다고 봅니다.

막상 가보면 실망스러운 곳도 더러 있었습니다. 한 번은 수구레 음식점을 인터넷에서 검색해 찾아가 수구레국밥과 무침을 시켰는데 몇 점 먹다가 '어, 이거 뭐지?' 아 글쎄, 소 껍질 안쪽의 쫄깃한 수구레가 아닌 우랑(소불알)! 이렇게 속이면 안 된다 하는 학습을 받습니다.

나는 소고기 국밥 연관 메뉴가 아니더라도 틈나면 맛집을 찾아 미각 훈련도 하고 보고 배우는 학습 시간을 갖습니다. 국숫집이든, 밥집이든, 고깃집이든 유명한 집은 다 벤치마킹의 대상이 됩니다. 그냥 저절로 유명한 집이 된 건 아니니까요. 벤치마킹만 잘해도 음식에 성공할 수 있다는 것이 나의 생각입니다.

모방은 창조의 어머니라고 하지요. 무슨 말인가 하면 창의성은 전혀 새로운 것만이 아니라 무언가를 베끼고 흉내내는 것을 넘어 자신의 것으로 재해석하고 재창조하는 과정 속에도 있다는 것입니다. 음식 장사 성공의 지름길은 모방, 즉 벤치마킹입니다.

## 17.
# 우호적 이해관계

관계에 대해 생각해 봅시다. 인간은 피할 수 없는 관계 속에서 세상을 살고 있습니다. 가족관계, 남녀관계, 친구 관계, 조직 내 동료 상하관계 등 다양한 관계 속에 이해가 충돌하고 성공도 좌절도 맛보게 됩니다.

식당을 경영하게 되면 자연스레 관계가 생깁니다. 식당 경영에서 맺게 되는 여러 상대와의 이해관계는 매우 중요 합니다.

우선 직원과의 관계입니다. 식당이라는 직장에서 사장 과 직원은 공동운명체적인 관계입니다. 특히 사장의 입장 에서는—

문) 최고의 고객은?

답) 직원입니다. 고객 중의 고객이지요.

문) 누가 돈을 벌게 해주느냐?

답) 직원입니다. 직원이 충심으로 일하는 식당에서는 돈이 벌립니다.

문) 최고의 직원은?

답) 주인 정신으로 일하고 동료와 화합하고 고객을 위하는 사람입니다.

따라서 직원을 내 가족같이 아끼고 배려하며 항시 직원과 소통해야 됩니다. 고객을 만족시키기 전에 넘어야 할 산이 바로 직원입니다.

다음은 고객과의 관계입니다.

고객은 그 사람만이 아니고 그 주위에 많은 예비 고객이 있다는 것을 알아야 됩니다. 고객은 인정받고 존중받기를 원하므로 웃는 낯으로 가벼운 인사는 기본. 심지어 납득할 수 없는 클레임도 무시하지 말고 진정으로 받아들입니다. (음식물 배상보험 가입은 필수)

원산지 표시, 반찬 재사용 등 절대 고객을 속이고 음식으로 장난치면 안 됩니다. 고객이 지불하는 음식값 이상으로 맛과 친절과 청결로 보답한다는(높은 가성비) 마음가짐이 필요합니다.

거래처와의 관계는 무조건 신용입니다. 결제일을 단 하루라도 미루면 안 됩니다. 나라에 내는 세금은 물론이고 직원 급여, 임대료, 각종 식자재비도 날짜 어김없이 그때그때 결제합니다. 공과금은 자동이체로 걸어놓고요. 나는 10년간 이 원칙을 꼭 지켰습니다. 다수의 임차인들이 지불 후순위로 여기는 임대료도 지불 날짜 하루 전에 송금했습니다. 상대도 제 날짜에 지불할 자금 계획이 있는데 통장에 입금이 안 돼 있으면 얼마나 서운할까요? 역지사지(易地思之) 상대의 입장을 생각 해야겠지요.

그렇게 신용을 쌓아 놓으면 우호 관계가 돈독해지고 좋은 관계가 형성됩니다.

마지막으로 상가 이웃과의 관계입니다. 이웃을 우호 세력으로 만듭니다. 아침에 빗자루로 가게 앞을 청소할 때 이왕 하는 거 앞집, 옆집도 같이 합니다. 평소 가벼운 인사는 볼 때마다 먼저 주고 받습니다. 약간 비싸더라도 동네 가게의 물건을 팔아줍니다. 저는 인근의 노점 상인들과도 친근하게 지냅니다. 다 우리 식당의 가망 고객이자 홍보 요원이 될 수 있습니다.

이런 광경을 목격했습니다.
지나가는 행인이 노점 상인에게 묻습니다.
"이 동네 식당 괜찮은 곳이 있습니까?"
"여기선 저기 한우국밥집이 최곱니다."
노점 상인이 바로 홍보 요원 맞지요?

모든 인간과의 이해관계를 좋게 만드는 비결은 내가 먼저 조금 손해 본다는 것입니다. 내가 손해를 보고 남에게 이익을 주겠다는데 어디 싫어할 사람이 누가 있을까요? 내 생명에, 내 재산에, 내 명예에 거의 손상 없는, 조금 먼저 손해 보고 양보하면 좋은 관계가 형성됩니다.

## 18.
# 식당 사장의 일

식당을 운영하려면 음식 만드는 전 조리과정 A~Z까지 다 능숙히 소화할 수 있어야 됩니다. 갑자기 주방 직원이 사정이 생겨 일을 못 하게 될 때 사장이 기꺼이 주방에 들어가야 합니다. 식당 문을 닫을 수는 없잖아요.

나는 처음 시작부터 직접 만든 작품이니까, 언제든 선수로 뛸 수 있으니 비상사태가 와도 큰 걱정은 안 됐습니다. 만약의 경우에 대비해서라도 식당 사장은 조리 실력을 갖추고 있어야 됨을 명심합시다.

또한 보통의 사장은 식재료가 떨어지지 않게 차질 없는 발주는 잘하지만 대다수의 사장이 소홀히 넘어가는 것이 직원들의 반찬거리 조달입니다. 주방 찬모가 있는 대형 식당은 문제될 것은 없으나 직원 몇 안되는 중소형 식당은 있는 식재료로 알아서 해먹어라 하는 곳이 많습니다.

손님에게 좋은 음식을 대접하는 일을 직원들이 하듯이 사장은 직원에게 좋은 음식을 대접해야 마땅합니다.

나는 직원들의 반찬거리는 매일 마트에서, 재래시장에서 직접 장을 보며 챙깁니다. 과일, 채소, 육류, 생선 등을 바꿔가며 사다 주고 잘 먹는지 확인합니다.

힘써 일하는 직원의 건강, 사장이 신경 써야 됩니다. 일하는 직장에 대한 애정과 충성심이 어디 저절로 생기나요? 그것이 결국 다 어디로 가겠습니까?

쉴 새 없이 돌리는 식당의 가동에는 고장이 수시로 발생합니다. 전기, 가스, 수도, 배수, 보일러, 환풍, 에어컨, 포스 작동까지 계속 사용하다 보니 고장은 당연하고 그때마다 기사를 부르면 시간도 걸리고 비용도 만만치 않지요. 화장실 변기 막힘, 하수구 막힘 뚫는 것도 사장의 일입니다. 우리 직원들은 말합니다.

"사장님은 식당 망해도 굶어 죽지는 않겠어요. 설비 기사 하면 되니깐."

사장이 즉시 해결해 업무에 차질 없이 해줘야 직원들이 불편 없이 일하고 사장을 신뢰하게 됩니다. 실제, 고장 수리 한번 해보면 별거 아닙니다.

아침에 출근해 보면 식당 밖 주변이 쓰레기(주로 담배꽁초)로 지저분할 때, 일대를 두루 깨끗이 청소합니다. 심지어 지역이 열세한지라 식당 담벼락에 자주 구토, 소변, 흔하진 않지만 대변을 누군가가 실례했다 그걸 직접 치우는 것도 사장의 일입니다. 위험하고 힘들고 지저분한 것은 무조건 사장의 몫입니다.

손님의 클레임 또한 1차 직원이 해결 못 할 시 2차 사장이 해결해야 합니다. 진상 손님의 영업 방해도 1차 직원이 진압 못 할 시에는 이도 2차 사장이 직접 진압해야 합니다.

식당 사장의 일, 정말 쉬운 일이 아니군요.

# 19

# 이런 사장이 좋더라

사장과 직원의 관계를 상하, 갑을의 개념으로 해석하던 시대는 이미 지나갔습니다. 이 시대의 사장은 직장의 공동체를 이끌어가는 리더로서 직원들에게 일하기 좋은 근무 환경을 만들어 주고, 법이 정한 근로복지를 지켜 줌과 동시에 인격적인 소양을 갖출 필요가 있겠습니다.

나홀로, 아니면 가족끼리 하는 장사라면 몰라도 월급을 주는 직원이 있다면 즉 조직이 있다면 사장은 장사꾼 차원을 넘어 경영자 차원에서 내 가게를 운영해야 될 것입니다.

식당 운영의 리더십에 대해 바람직한 가치관을 여러분과 공유합니다.

# – 난 이런 사장이 좋더라 –

### 1. 돈 관계가 깨끗하고 약속을 잘 지키는 사장

이게 안 되면 사장에 대한 신뢰가 깨지고 직원은 헤어질 결심을 하겠지요. 월급 제 날짜 지급, 상여, 휴가비 적더라도 마음을 담아 전달, 퇴직금 정산 정확히.

사전 충분히 생각 후 약속하고 그 약속은 꼭 지킵니다.

### 2. 언행이 신사적인 사장

말로 상처를 안 주고 직원 편애 없이 공평하게 대합니다. 뒤에서 직원 흉보기는 금물. 나중 본인 귀에 다 들어갑니다.

### 3. 직원을 신뢰하고 맡길 줄 아는 사장

의심하지 말고 사소한 실수가 있더라도 참고 맡기면 주인 의식을 갖게 됩니다. 칭찬과 격려를 아끼지 않습니다.

(돈 안 드는 사기 진작)

### 4. 일하기 편한 업무시스템을 지원해 주는 사장

그날그날 일상의 일 처리에 방해되는 장애는 없는지,

지원에 부족함은 없는지 점검하고 잘 돌아가게끔 만들어 주어야 합니다.

## 5. 직원 복리 후생에 신경 써주는 사장

식사, 휴게시간, 휴무, 휴가 등 직원 건강관리에 관심을 가지고 배려합니다. 명절엔 마음이 담긴 선물(화장품, 먹거리 등), 연 2회 정도는 그간의 노고를 치하하는 회식은 기본.

※ 직원은 사장이 하기 나름, 사장이 베풀면 직원은 일로써 인사를 합니다. 손님에게도 좋은 서비스를 제공하게 됩니다.

## 20.
# 안되는 식당의 이유

톨스토이의 소설 『안나 카레리나』의 첫 문장은 아주 유명하지요. '행복한 가정은 모두 비슷하지만 불행한 가정은 제 나름대로의 이유로 불행하다.'

우리들 식당에 대입시켜 보겠습니다. '잘되는 식당은 모두 비슷하지만 안되는 식당은 제 나름대로의 이유로 안된다.'

그럼, 안되는 식당의 이유를 알아보겠습니다.

첫째, 사장 자신이 문제 의식이 없고 따라서 대책이 없습니다. 식당을 반드시 잘되게 만들겠다는 간절함(mind)도 없습니다. 안 되면 그 이유를 내부에서 찾지 않고 "경기가 안 좋아서", "운이 안 따라줘서" 핑계를 댑니다. 그러니 절대 답을 찾을 수 없습니다.

둘째, 음식 맛이 고객을 사로잡질 못합니다. 그냥 특색 없이 평범한 맛으로 그것도 제 가격은 다 받는, 가성비에 대한 문제의식이 없습니다. "내 입에 맞으니 이만하면 됐다. 안 먹으면 너희가 문제다." 그러니 개선(upgrade) 노력을 안 합니다. 이런 식당은 한 번 온 손님이 다시는 오지 않습니다.

셋째, 직원 구성에 문제가 있습니다. 주방은 조리 실력이 부족하고 홀 서빙은 성의가 없고, 한마디로 "내 가게"라는 주인정신이 없습니다. 그런데도 사장은 방치하고 직원 탓만 합니다.

넷째, 업종에 맞는 상권에 입지해 있지 않습니다. 프로 낚시꾼은 고기가 모여드는 포인트에 자리를 잡고 낚시줄을 던집니다. 그래서 애초 창업 시 "발품을 많이 팔아서 좋은 입지에 자리해라" 하는 이유입니다.

결국 식당 실패의 결정 요인은

1) 사장의 무개념

2) 개성 없는 음식

3) 직원의 낮은 수준

4) 부적합한 입지 선정으로 요약이 되는군요.

이외에도 제 나름대로의 이유가 있겠습니다만 결국 모두 사장 자신의 문제로 귀결됩니다. 어차피 경영의 모든 책임은 사장이 져야 하기에 부단히 자신과의 싸움이 필요한 것 같습니다.

## 21.
# 장사에 집중하기

정신을 집중하여 노력하면 어떤 어려운 일이라도 성취할 수 있다는 말이 있지요.

'정신일도 하사불성(精神一到 何事不成)'

세상만사 쉽게 저절로 되는 일은 없는데 특히 식당업은 한시도 긴장을 놓을 수 없는 업종이네요. 매일 매달 계절마다 바뀌는 매상, 수시로 발생하는 각종 사고, 각종 고장은 물론 직원들의 예기치 못한 변동(이직, 가정사, 질병, 사고 등) 등에 즉각 대처해야 되므로 방심하고 있을 틈이 없네요.

나는 식당을 차린 이후 3일 이상 여행을 다녀온 적이 없어요. 그 좋아하는 여행인데 말이지요. 식당업을 하면서 골프도 어울리지 않아요. 직원들은 힘써 일하고 있는 시간에 여유롭게 골프가 쳐지겠나요?

한눈 팔아 주식에 투자(투기)하는 자영업자들을 종종 보게 되는데요. 주식을 하면 소액이라도 신경을 쓰게 돼 본업에 대한 집중력이 떨어지기 마련이지요. 나도 과거 주식으로 많은 돈을 잃은 당사자지만 주식은 솔직히 합법적인 노름이지요. 딸 때는 기분이 Up되지만 잃을 때는 Down되는. 주위에 주식으로 돈을 딴 사람보다 잃은 사람이 훨씬 많네요.

근래에는 개인의 핸드폰 번호가 유출되어 (데이터 베이스로 팔려 나감) 문자, 카톡, 전화로 단번에 돈 많이 벌게 해준다는 황당한 유혹이 많습니다. (내게도 하루평균 5명 이상이 접근함) 퇴직금으로 쉽게 노후자금을 불려보자는 허황된 은퇴자들을 사냥감으로.

앞서서 쉽게 돈 버는 데가 있다 하면 거기엔 무서운 함정이 기다리고 있습니다. 함정에 한 번 빠지면 본전 생각에 더 깊게 빠집니다. 지인 중에 그렇게 당한 사람 여럿 있습니다.

돈 많은 사람이 재미로 하는 것은 몰라도 우리 식당 사장은 오로지 식당일에 집중해야 합니다. 먹는 장사로도 충분히 돈 많이 벌 수 있습니다. 우리는 그런 사기에 절대 걸려들면 안됩니다. 어렵게 번 돈 허망하게 날리지 않도록 스스로 잘 지켜야 됩니다.

참고로 조심해야 할 것은 우리의 금융정보가 노출되어 있다 보니 보이스피싱, 비상장주식 사기, 유사 투자자문(리딩방) 사기, 잡코인 권유, 기획부동산을 비롯 각종 부동산 사기 등 직장 은퇴한 퇴직자의 퇴직금을 노리는 젊은 사기 세력이 기승을 부리고 있습니다. 그들의 낚싯줄에 그동안 일밖에 몰랐던, 세상 물정에 어두운 우리 시니어 노인들이 무더기로 걸려들고 있다고 합니다. 창피해서 남들에게 말도 못 하고요.

조심 또 조심하고 제발 한눈팔지 맙시다.

지금 우리는 머리 좋고 말 잘하는 젊은 사기꾼이 범람하는 시대에 살고 있습니다. 식당업을 선택했으면 일에 집중하세요. 성공의 길입니다.

한눈팔아 여기 저기 기웃거리면 실패의 길입니다.

## 22.
# 우동 한 그릇

일본 국회에서 여·야가 치열하게 대립할 때 전 국회의원들을 울리게 한 일본 작가 구리 료헤이의 어른 동화 「우동 한 그릇」을 소개합니다.

북해정이라는 우동집에 허름한 차림의 부인이 두 아들과 같이 와서 우동 1인분을 시키자 선뜻 3인분을 주고 싶지만, 그렇게 하면 상대가 불편해할 까봐 몰래 1.5인분만을 표나지 않게 더 얹어주는 주인의 사려 깊은 배려에서 이 이야기는 시작합니다.

창업 당시 대구 멘토 사장님의 코칭을 다시 펴옵니다.

"음식 장사는 인색하면 안 되는기라. 푸짐하게 퍼주고 더 달라카믄 기쁜 마음으로 더 주이소."

그렇습니다. 막상 음식 장사를 해보니 그 말이 맞습니다. 이익을 따지고 계산에 너무 밝으면 이 바닥의 스타일은 아닙니다. 정찰제 편의점 스타일이지요. 받기보단 주기를 더 좋아하는 사람, 영악하지 못하고 어리숙한 사람이 차라리 이 장사에 맞습니다.

음식 장사로 돈을 벌어 보겠다는 생각 이전에 맛있는 음식을 만들어 많은 사람 입맛을 즐겁게 하겠다, 이런 마음가짐으로 장사하면 하늘이 도와줍니다. 운도 따릅니다.

넉넉한 인심으로 손님에게 따뜻한 마음을 전달할 수 있는 장사가 바로 음식 장사입니다. 매력적이지요.

## 23.
# 장사와 음악

식당의 일이란 어렵고 더럽고 위험한, 즉 3D의 일이라 살기 위해 하는 일이지 재미로 하는 일은 아니겠지요. 그러면 재미없이 하루 종일 어떻게 보내나요?

직원들은 서로가 손발이 잘 맞아 일이 척척 잘 돌아가는 것, 동료들과 맛있는 식사 시간, 1시간의 달콤한 휴게 시간, 손님이 많아 정신없이 바빠 시간 가는 줄 모르는 것, 이런 재미로 하루 하루 지루한 줄 모르고 지내겠지요.

사장의 재밋거리는 누가 만들어 주지요?

초창기 캄캄한 정글 속에서 길을 잃고 헤맬 때, 살아야지 살아나가야지 하며 오직 장사에 혼신의 힘을 다할 때, 육체는 지치고 정신은 피폐해지고 이러다가 죽겠구나.

그러나 죽을 각오로 하니 손님이 자꾸 불어나 장사가

잘돼 이젠 살겠구나 싶어지는 반면에, 내면의 감성은 더 메말라감을 느꼈습니다. 그래서 취미를 붙인 게 하모니카를 배우고, 좋아하는 노래를 입에 달고 다녔어요. 혼자만의 작은 소리로, 허밍으로-.

지금도 스마트폰에 앱을 깔고 유튜브에서 노래를 찾아 MP3로 다운받아 즐겨 듣고 따라 부릅니다(50여 곡). 기분도 젊어지고 정서적으로도 순화가 되는 느낌입니다.

가수들이 제 나이보다도 젊게 보이는 것도 그들의 삶 속에 음악이 있기 때문 아닐까요? 돈 들어가는 것도 아니고 치매 예방에도 좋은 것 같아요. 장사하며 음악에 취미를 붙이면 혼자 있어도 외롭지 않습니다. 팝송과 국내가요, 가곡, 세미클래식 무엇이든 좋습니다.

여기 내가 다운 받아 듣고 즐겨 부르는 노래 20곡만 소개합니다.

---

· 행복이란 (조경수)
· 님이 오시는지 (임선혜, 유채훈)
· 인생은 미완성 (이진관)

· I have a dream (아바)
· Visions (클리프 리차드)
· The rose (메트 미들러)

---

· 너의 의미 (아이유, 김창완)

· 앉으나 서나 당신 생각 (현철)

· 별빛 같은 나의 사랑아 (임영웅)

· 나 그대에게 모두 드리리 (이장희)

· 낭만에 대하여 (최백호)

· 향수 (박인수, 이동원)

· 고향의 노래 (강혜정)

· Distant drum (짐 리브스)

· Hey Jude (비틀즈)

· For the good times (크리스 크리스토퍼슨)

· Save the last dance for me (폴 앙카)

· Only yesterday (이스라 그란드)

· Stay with me till the morning (다나 위너)

· Vincent with (돈 멕크린)

# 24

# 자영업자의 취미생활

어느 정도 기반이 잡힐 때까지는 다른 데 신경을 쓸 겨를이 없습니다. 우선 내 업소를 안정시켜 놓고는 취미 생활을 함께하는 것이 좋습니다. 우리가 평생 일만 하다 죽을 수는 없지 않습니까?

장사하면서 생활에 활력을 주는 건전한 취미나 운동은 자영업자의 일상에 행복의 윤활유가 될 것입니다.

먼저 나의 장사 짬짬이 즐기는 취미를 소개합니다.

---

1) 매일 헬스장에서 1시간의 체력 단련
2) 인근 공원 숲속의 새벽 산책과 체조
3) 신문 2개 (일간지, 경제지) 구독
4) 휴식할 때는 KBS FM(93.1) 라디오 청취

---

5) 수시로 MP3에 저장된 노래 감상

6) 시간 나는 대로 독서(장르 불문)

7) 1주일에 하루 모란장(4·9일장)에 가서 막걸리 한 잔과 직원 반찬거리 장보기

8) 지인들이 놀러오면 인근 남한산성 가벼운 산행

9) 일정이 없는 한가한 날은 유명 맛집 순례

이런 나름의 취미생활은 일을 하든 안 하든 고령화 시대의 건강한 삶을 위해 즐기면 좋겠습니다.

# 25

# 휴게쉼터(퀘렌시아)

투우사와 싸우다가 지친 소가 다시 공격할 힘을 되찾기 위해 숨을 고르는 장소를 퀘렌시아라고 합니다. 스페인어로 피난처·안식처라는 뜻이지요.

식당 창업 과정에서 엄청난 육체적 노동과 정신적 스트레스에서 잠시 벗어나 나만의 치유와 회복의 장소가 필요했습니다. 또한 직원들의 휴식과 재충전의 공간도 마련해 주기로 했습니다. 식당 인근 작은 옥탑방을 임차하여 나만의 퀘렌시아로 만들고(월 30만 원) 직원들의 휴게 공간 겸 창고로 반지하방(월 20만 원)을 얻었지요.

이전에는 하루 12시간 근무 중 식사시간 외 직원을 위한 별도의 휴게 시간이 없었지만 이제는 브레이크 타임

(Break Time)이라고 잠시 일을 멈추고 1시간 정도 휴게 시간이 일반화되는 추세가 되고 있습니다. 따라서 중간 휴식 겸 재충전의 공간, 즉 그들만의 쉼터를 제공해 줌은 당연한 거고요. 직원의 재충전을 위한 휴게 타임은 남은 근무시간 더 좋은 서비스를 제공하게 되는 생산성 향상의 효과도 있습니다.

옥탑 퀘렌시아는 나만의 아지트입니다. 나는 그곳에서 재충전을 위한 휴식을 취하고 책도 보고, 음악도 듣고, 체조도 합니다. 나이가 드니 한 해 한 해 체력의 저하를 느끼고 쉬 피로가 오네요. 이제는 알레그로(빠르고 경쾌하게)보다는 안단테(천천히)로 템포 전환이 필요한 나이입니다. 그래서 더욱 나만의 휴게 쉼터가 필요한 것 같습니다.

참고로 시인 류시화의 퀘렌시아의 대한 글을 옮깁니다.

나의 퀘렌시아를 갖는 일이 곧 나를 지키고 삶을 사랑하는 길이다. 그곳에서 누구로부터도 방해받지 않는 혼자만의 시간, 자유 영혼의 순간을 가져야 한다. 그것이 건강한 자아를 회복하는 길이다.

# Part
## 04

# 식당경영의
# 비단주머니(2)

장사에 기술이 필요하나요?
물론 필요하지요.
하지만, 장사기술은 배워가며 해도 됩니다.
그보다, 상식에 맞는 사고와 교양있는 품성이 필요합니다.

# 1.
# 식당 창업 시 최우선 준비는
# 무엇일까요

먼저 정신 무장이 우선이겠지요.

적자생존, 정글의 법칙이 철저하게 적용되는 자영업의 세계에서도 그중 가장 치열한 식당업에서는 죽기를 각오한 임전무퇴의 정신이 필수랍니다. 장사는 장난이 아니라 전쟁이라는 것을, 전쟁에 지면 사망이라는 것을 깊이 새기고 이 바닥에 뛰어들어야 됩니다. 절박함을 가지고 들어오라는 거지요.

다음은 싸워 이기기 위해선 필수적인 무기가 있어야 되겠고 그 무기를 잘 사용할 수 있는 기술이 따라줘야 되겠지요.

무슨 말인고 하니 가장 자신 있고 내세울 만한 대표적인 메뉴, 이름하여 시그니처 메뉴가 없인 이 바닥에서 고

전합니다. 뭔가 한 방을 가지고 와라 이거지요. 김치찌개 하나를 하더라도 남들과 확실히 차별화되는 나만의 무기로요. 평범한 무기, 갑돌이도 을순이도 다 있는 흔해 빠진 무기로는 어림도 없어요.

그리고 그 무기를 다룰 수 있는 실력, 즉 레시피와 주방 실력을 어느 정도 갖춘 상태에서 이 자영업의 정글로 들어오라고 당부하고 싶네요.

최소한 음식에 대한 기본기는 익히고 오라는 거죠. 요리학원에 다녀 조리사 자격증도 따 놓고, 관심 요리를 취급하는 식당에서 많이 먹어 보기도 하고 레시피를 만들어 (요즘은 스마트폰으로 검색해보면 관련 정보는 차고도 넘침) 직접 만들어 보기도 하고요.

예비 경험(임시 일당이나 알바 근무)을 하면 좋겠지만은 친밀한 관계가 아니면 단 며칠이라도 경험해볼 기회를 얻기 힘들 겁니다. 귀찮은 존재가 되기 십상이니까요.


식당을 순례하다 보면 존재의 이유를 모르겠는 식당이 더러 있습니다. 빨리 없어지는 게 본인을 위해서나, 모르고 걸려들 손님을 위해서나, 나라 경제를 위해서나 백 번 나을 것 같은데 사장 본인만 모르고 대책 없이 세월만 보내고 있습니다. 한 10년 식당업을 하다 보니 이젠 척 보면 견적이 나옵니다. '이 가게는 ○개월 안에 간판이 바뀌겠군.'

그러니 창업할 때 간절한 심정으로, 뜨거운 열정으로, 차별화된 메뉴로, 충분히 준비된 상태에서 식당 창업의 문을 두드리기 바랍니다.

그리곤 끈기 있게 버티세요. 날마다 닥치는 온갖 난관을 이겨내며 포기하지 않고 꿋꿋이 버티면 신기하게도 내면에 근력이 만들어지는데 이를 내공이라고 하지요. 이 내공이 쌓이면 무서운 것이 없어져요. 성공의 원동력이 된답니다.

## 2.
# 시그니처 메뉴를 예로 든다면

그 식당만의 대표적인 메뉴, 자랑할 만한 메뉴 즉, 시그니처 메뉴는 어려운 게 아닙니다. 기존의 음식에다 약간의 변화를 구해 나만의 메뉴로 재창조하는 겁니다.

흔한 된장, 청국장 찌개를 예로 듭시다. 시골 농촌과 협업으로 국산콩을 재배케 하여 재래식으로 만든 된장 청국장을 받아, 용기에 포장하여 직접 판매도 하고 부추를 듬뿍 넣고 참기름, 참깨, 김가루에다 계란 부침 1장 얹은 비빔밥을 된장 청국장 찌개와 함께 〈부추된장 비빔밥〉, 〈부추청국장 비빔밥〉으로 내놓으면 이것 하나만 가지고도 매력적인 시그니처 메뉴가 될 수 있지요.

나의 경우엔 시그니처 메뉴로 장터국밥이 있어요. 보통의 소고기 국밥을 리뉴얼해 한우 양지고기에다 서민적인 배추 우거지, 콩나물, 무, 대파를 넣어 얼큰 시원하게 끓인 시골 장날에 딱 어울리는 메뉴로, 이 녀석이 효자 노릇을 톡톡히 해왔습니다.

(우리식당) 처음 찾은 손님이 묻습니다.

"이 식당에서 무얼 먹어야 될까요?"

"아예, 우리 식당의 대표 선수는 장터국밥입니다. 시그니처 메뉴지요."

그러면 손님은 흡족한 표정과 함께 "장터국밥이요!" 하고 주문합니다.

(다른 식당) 똑같은 손님의 질문에 "여긴 다 잘하고 다 맛있는데요." 신통한 게 하나도 없다는 말입니다.

평범한 것을 만져서 특별한 것으로 만들어 나만의 시그니처로 얼마든지 만들 수 있습니다. 여러분도 지금 식당에서 판매중인 메뉴 중에서 하나를 골라 시그니처 메뉴로 만들어 보세요. 약간의 상상력만 보태면 어렵지 않습니다.

※시그니처 메뉴 : 업소에서 가장 자신 있게 선보일 수 있고 인기도 많은 대표 메뉴

# 3

# 벤치마킹할 식당 소개 부탁해요

현재 식당을 하고 있거나, 식당 창업을 계획하려고 하거나 간에 벤치마킹은 대단히 중요합니다.

오랜 세월 갈고 닦아 유명 식당으로 소문나 문전성시를 이루는 식당의 음식을 연구해서 그대로 흉내 내거나 아니면 거기에 나만의 색깔 있는 옷을 입혀 재창조하는 것이 음식업에서 가장 빨리 성공하는 지름길입니다.

벤치마킹의 대상은 전국 곳곳에 무수히 많으나 여기서는 내가 직접 가서 먹어보고 확인한 식당 중 조리가 비교적 간편한 5곳만 소개합니다.

본인들은 의식하지 못한 채 전단표(전문화, 단순화, 표준화) 시스템에 의한, 즉 자신 있는 전문 메뉴 한 가지로, 조리 과정을 단순하게, 맛의 일관성을 유지하는 표준화된 레시

피로, 자녀들이 대를 이어가며 장사하는 곳입니다. (메뉴가 많고 복잡하고 어려우면 후대로 이어가기 어려움)

---

1) 속초 중앙시장 안에 자리한 30년전통 감나무집 (감자 옹심이)
2) 서울 덕수궁 돌담길 옆 40년전통 남도식당 (추어탕)
3) 서울 독립문역 인근 60년전통 대성집 (도가니탕)
4) 서울 망우동에 위치한 25년전통 용마해장국 (소목뼈 해장국)
5) 서울 영천시장 35년 전통 석교식당 (순대국)

---

이상 5곳의 특징은 맛이 변함이 없고 가성비(가격대비 만족도)가 높아 손님들의 한결같은 사랑을 받고 있다는 것입니다. 위의 식당 중에서 한 곳을 벤치마킹하여 레시피를 분석하고 연구해서 만들어 보세요. 힌트는 좋은 재료로 정성을 들이면 됩니다. 거의 비슷하다, 오히려 더 맛있다, 그러면 전국 어디서 차리든 대박 식당이 될 것입니다.

시간과 노력을 들여 새로 메뉴를 개발하기보다는 기존 전통 맛집을 벤치마킹하여 자기 작품으로 만드는 것도 식당 성공의 한 방법이 되겠습니다.

## 4.
# 권리금에 대한 보충 설명이 필요해요

앞의 장에서 권리금을 다루었으나 워낙 중요한 사항이라 보충하겠습니다.

권리금 산정은 주관적이라 얼마가 적정한 가격인지 기준이 없습니다. 그래서 중개업자(중개사, 컨설턴트)의 농간이 개입할 소지가 많고요. 대개의 경우 가게 보증금보다 권리금에 더 큰 투자비가 들고 시세에 대한 기준도 없고 나중 가게를 접을 때 원금 회수가능성도 불확실한데 왠만한 자리치고 권리금이 안 붙은 데는 없고 정말 애매모호한 것이 가게 권리금입니다.

그래서 신중히 결정해야 되는데 고려사항은

1) 해당 지역의 현재 상권과 미래 전망

2) 해당 가게의 연간 예상 순이익

– 보통 1년 순이익 정도를 권리금으로 추정

3) 장기임대 가능성

– 재건축계획, 과도한 월세 인상, 임대인의 직접 운영 위험.

4) 현재 영업 중인 가게의 영업권리와 시설권리, 바닥권리의 추정 합계

그럼 자리도 좋고 권리금도 낮은 가게를 어디서 찾을 것이냐? 답은 중개업소마다 문을 두드리고 〈임대문의〉 가게를 찾는 발품! 발품밖에 없습니다.

이 장사 바닥에 프로들은 권리금 없는 신축가게를 찾아 키운 다음 권리금을 크게 받고 되파는 기술자들입니다.

`CASE`

은행에서 희망 퇴직한 S가 커피 체인점을 하기로 하고 가게를 물색하던 중 마땅한 가게를 중개업소로부터 소개받았다.

25평, 보증금 5천만 원, 월세 250만 원, 권리금 8천만 원, 결국 권리금은 6천만 원에 조정되어 계약. 그런데 나중 알고 보니 실제 매도자에게 건너간 금액은 4천만 원.

세상 물정 모르고 발품 팔기를 귀찮아 한 S는 이렇게 2천만 원을 수업료로 중개업자에게 바쳤다. (이런 사례는 부지기수다)

# 5

# 창업 컨설팅 업체의 실체

창업 정보에 어두운 예비 창업자가 도움 받을 수 있을까 인터넷 창업 사이트에 연결하여 창업 컨설팅 업체를 만나게 되는데요, 말이 컨설팅이지 점포를 소개하고 중개 수수료를 받는 중개업에 불과합니다.

해당 점포의 상권 및 주변 분석, 영업 정보를 제공하니 전문가로 알고 있는데 아무런 자격 없는 무늬만 컨설턴트인 담당자를 시중에선 자영업자 사냥꾼이라고도 하지요.

양도자와 양수자 사이에서 권리금의 농간이 개입될 소지가 많아 (예를 들면 양도자에겐 권리금 3천만 원, 양수자에겐 5천만 원) 자영업자의 소중한 꿈과 정직한 땀마저 한입에 삼켜버리는 사례도 흔히 있고요. 계중에는 부실 점포 소개, 허위 매물, 허위 수익구조 분석으로 예비 창업자를 등쳐먹는 사기도 있다고 매스컴을 타지요. 물론 초짜 창업자에게 도움되는 정직한 컨설턴트도 많이 있을 것으로 봅니다.

결론적으로 이런 컨설팅 업체로부터 매물 정보는 받되 직접 실사를 통해 빈틈없이 알아보고 신중히 결정해야 되겠습니다.

아차 실수, 한번 건너간 돈을 물리고 되받을 수가 있을까요? 이 바닥에서 온정이라는 단어는 없습니다. 점포를 찾는 정답은 힘이 들더라도 최소한 신발 1켤레는 닳아 빠질 정도로 직접 헌팅하는 발품! 발품입니다.

**CASE**

대기업 임원 출신 P가 퇴직 후 인터넷 사이트를 통해 만난 창업 컨설팅 직원(컨설턴트)에게서 소개받은 점포는 보증금 5천만 원, 월세 450만 원, 권리금 2억 3천만 원, 롯데리아 양도양수 매물인데 오토 매장(주인이 직접 운영 안 하고 점장에게 맡기는)으로 월 매출 7천만 원, 통장에 꽂히는 순 수익금은 1천1백만 원이라 하니 전재산을 털어 인수했다.

실제 인수하고 보니 너무 차이가 나 사기 당한 것을 알았으나 이미 때는 늦으리. 사장이 직접 매장 관리를 하는 현재 월 3백만 원 집에 가져가기도 힘들어한다.

## 6.
# 개인 독립 창업은 어떨까요

개인 브랜드 창업을 집짓기에 비유한다면 집 장사가 지어주는 집에서 사는 게 아니고 본인이 직접 설계, 시공, 감리까지 하며 건축한 집에서 사는 것이랄까요. 힘은 들지만 잘만 지어 놓으면 자손 대대로 물려줄 수도 있습니다.

식당해서 돈 번다는 것은 옛날 이야기라고 하지만 그건 프랜차이즈 가맹점 이야기이고 개인 브랜드는 돈 벌 수 있는 기회가 아직도 많이 있습니다. 맛집이라고 줄서 먹는 식당에 어디 프랜차이즈가 많이 있던가요? 거의 다 개인의 손맛으로 만들어 내는 개인 브랜드지요.

개인 브랜드 창업은 자본력이 부족하나 창의력 있는 개척정신의 벤처 스타일에게 맞습니다.

이의 장점은

1) 창업 자본이 적어도 가능하다.

2) 비용이 많이 절감된다. (인테리어, 로열티, 가맹비, 교육비, 재료비 등)

3) 독창적인 메뉴개발 및 변경이 가능하다.

4) 가맹점보다 영업 이익률이 높다. (최소 10~30%)

5) 규제나 간섭이 없어 의사결정이 신속하다.

6) 리뉴얼(인테리어 바꿈)에서 자유스럽다.

7) 창업 과정을 통한 경험으로 더 큰 꿈을 키울 수 있다. (가맹사업

체들이 거의 이런 경험을 바탕으로 설립됨)


이외에도 많은 장점이 있는 반면에

1) 사업체를 하나 만드는 수고가 따른다. (스스로 제반 시스템을 구축

해야 되니까)

2) 레시피 개발~실무전과정을 직접 수행하는 실력을 갖춰야 한

다. (사장 겸 주방장 )

3) 차별화된 독창적인 메뉴가 없이는 어렵다.

4) 기반을 잡고 안정되기까지 시간과 끈기가 필요하다.


따라서 개인 브랜드 창업은 사전에 많은 경험과 공부,
연구가 필요하고 위험을 감수해야 합니다.

장사의 길을 가는 데 가맹점은 편하고 쉬운 길이라면 개인 창업은 힘들고 낯선 반면에 성공하면 보람도 큽니다. 선택은 개인의 자유겠지만 생판 초짜 노인인 나도 겪은 그 길을 여러분들이 못 갈 리가요.

그동안 우리 국밥 가게를 프랜차이즈로 알고 가맹점을 내달라고 하는 요청을 여러 명한테서 받았는데요. 다들 돈만 주면 번듯하게 차려주는 줄 알아요. 물론 나는 그런 에너지도, 실력도 없노라 하고 거절합니다.

개인 브랜드나 프랜차이즈나 창업에 쉬운 게 있나요. 준비할 충분한 시간을 가지고 구경하고 관찰하고 비교해 보는 공부가 우선되어야 할 것 같습니다.

# 7

# 프랜차이즈 가맹점은

창업하기가 직접 창업하는 개인 브랜드보다 쉽고 창업 준비 과정이 수월하고 이미 대중에 알려진 브랜드이다 보니 창업 비용이 많이 들더라도 당장에 영업 활성화를 기대할 수 있습니다. 그런데 여기도 초보 창업자가 조심해야 할 함정이 도처에 기다리고 있습니다.

브랜드, 메뉴, 디자인 등 외양은 그럴듯하게 갖춰 놓고 저렴한 창업 비용과 높은 예상 수익을 제시하며, 쉽게 가맹점 개설을 유도하는 업체가 있습니다. 직접 제조·배송하는 물류 시스템은 갖추지 않고 중간 유통업자의 역할만 하다 보니 내실이 빈약하여 가맹 사업이 한계에 달할 때에는 나 몰라라 사라지는 업체도 적지 않음을 직시해야 됩니다. 그럴 경우 가맹점은 어미 닭 잃은 병아리 신세가 되지요.

그러니 신중히 골라야 됩니다. 일단 개설 이후에는 본사에 질질 끌려다니게 됩니다. 속칭 코가 꿰이는 거지요. 또한 프랜차이즈 대표가 사업 수단을 발휘하여 가맹점을 수백 개로 늘려 사모펀드나 외국계 투자회사에 거액을 받고 팔아 넘기곤 본인은 손을 터는 사례도 보게 됩니다.

프랜차이즈 가맹 시 확인할 사항은

1) 가맹 본사의 경영 철학 (공존 공생의 mind가 있는지)

2) 브랜드 인지도

3) 직영점 유무 및 가맹점 수 최소 10개 이상

4) 가맹점주의 만족도

5) 본사의 체계적인 지원 시스템(물류, 광고, 메뉴개발)

6) 초기 창업 비용 확인 (특히 인테리어, 로열티, 재료 공급가 등)

7) 일정기간 후 인테리어 리뉴얼 유무 등 제반 계약 사항을 꼼꼼히 체크합니다.

계약 이후엔 본사는 甲의 위치에 서고 가맹점주는 乙이 됩니다. 점포 개설 이후의 사후관리는 전적으로 乙의 책임이고 잘못되면 가맹점주만 손해보는 불공정한 게임이 되기 십상입니다. 이왕 A브랜드 프랜차이즈 가맹으로 방향을 잡았으면 기존 가맹점주 여러 명을 만나서 충분히 대화를 나눠보고 자문을 받는 것이 필요합니다. 시중에서 하는 이야기로는 프랜차이즈 가맹점은 거액을 넣고 열심히 장사해서 월급 정도 가져가면 성공이라고들 하지요. 그러니 초기 창업에 번듯하게 큰 규모로 할 생각 말고 작고 실속 있게 시작했으면 합니다.

---

**CASE**

군대 생활 25년, 중령으로 제대한 S가 장사로 방향을 잡고 비교적 저렴한 창업비(프랜차이즈 본사 창업 비용 1억원, 총투자비 1억5천만원)의 H순대국밥 가맹점을 선택했다.

한동안은 월평균 1천만 원의 순이익으로 장사하는 보람이 있었지만 이후 가까운 인근에 같은 메뉴 유사 브랜드가 들어와 현재는 월 2백만 원의 순수익도 힘든다. 본사에서도 대책이 없다.

## 8.
# 기존 식당을 인수하면

먼저 음식(메뉴)을 정하고 다음 대상 지역을 정해요. 그 다음 식당 규모를 정합니다. 처음 너무 작게 15평 이내로 시작하면 십중팔구 일정기간 지나 또 옮기게 되니 20~25평, 4인 테이블 10개 정도가 운영의 묘를 살리기 좋습니다.

이제부터는 열심히 신발이 닳도록 발품을 팔아 나와 인연이 맞는 가게를 만나러 갑시다. 가급적 현재 영업 중이거나 폐업을 고려 중인 식당을 인수하는 쪽으로 가닥을 잡습니다. 지금은 성업 중이라도 인수할 작자만 나오면 그만두고 싶은 업주도 꽤 있습니다. 밑져야 본전이니 한번 두드려 보는 겁니다.

기존의 식당은 기본 설비가 거의 갖추어져 있으니 새로

인테리어 하며 꾸미는 것보다는 시설투자가 많이 절감되겠지요. 있는 그대로를 인수하여 디자인을 바꾸고 메뉴만 새로 보강한다면 더욱 좋고요. 처음 창업할 때 겉모양에 너무 돈을 안 쓰도록 합니다. 자리를 잡으면서 차츰 보강하고 보수하면 됩니다.

마음에 든다고 성급하게 결정하지 말고 계절마다 바뀌는 지역의 상권, 권리금, 월세 등 꼼꼼히 따져보고, 며칠이라도 가게의 동태를 살펴보고 (아침, 점심, 저녁) 확신이 설 때 인수합니다.

**CASE**

우리 동네 M 파전집은 테이블 5개가 항상 만석으로 손님이 대기할 정도였다.
오후 2시 ~ 오후 11시까지의 평균 매상은 1일 75만 원, 1달 2000만 원(주1회 휴무).
이 가게가 주인의 급한 사정으로 권리금 5천만 원에 월세 150만 원 매물로 나왔다. 평균 순이익은 월 1000만 원.
이웃 편의점 K여사가 있는 그 상태 그대로 기술전수까지 받고 인수했다. 총 7천만 원의 투자비로 인수 후 상황은 이전보다 더욱 성업 중이다. 성공적인 사례다.

# 9.
# 식당 장사에 도움될 책들

예전 코미디언 서영춘이 유행시킨 노래(랩)를 아시나요?

"이거다 저거다 말씀 마시고 산에 가야 범을 잡고 물에 가야 고길 잡고~"

그렇지만 산에 가고 물에 가고 그 경험 어찌 다 하리요. 직접 경험이 좋으나 몸이 천 개가 있어도 모자라지요. 그리하여 독서를 통해 간접 경험을 얻는 것입니다.

음식 장사에 관련된 책이 서점에 많이 널려 있습니다. 그중에서 우선 저자가 직접 경험을 통해 독자에게 한 수 가르쳐 주는 책을 고릅니다. 책 속에서 새로운 아이디어를 얻고 나의 경영에 참고하여 접목시키면 도움이 되는 실용 서적들을 우선 읽고요. 그 외에도 인격 향상에 도움이 되는 교양 서적을 비롯 다양한 인문학 서적을 읽어 두면 사고의 폭이 넓어지고 알게 모르게 도움이 됩니다.

책을 많이 읽으세요. 책 내용 중 한 구절만이라도 내 것으로 취할 수만 있다면 책 값이 결코 아깝지 않습니다.

내가 읽어본 책들 중에서 장사에 도움이 된 일부만 소개합니다.

---

- 장사 이야기 (백종원)
- 초짜도 대박 나는 전문식당 (백종원)
- 5천 5백만 원으로 작은 식당 시작했습니다 (김옥영. 강필규)
- 내일 가게 문 닫겠습니다 (한범구)
- 오늘도 매진되었습니다 (이미소)
- 음식보다 감동을 팔아라 (김순이)
- 감동을 팔고 직원을 춤추게 하다 (이수호)
- 사업은 사람이 전부다 (마쓰시타 고노스케)
- 사람은 무엇으로 사는가 (톨스토이)
- 우동 한 그릇 (구리 료헤이)
- 빵 굽는 CEO (김영모)

---

나의 도서 구입은 이전에는 일주일에 한 권이었으나 지금은 한 달에 한 권 정도로 줄어 들었습니다. 독서도 시력, 기력이 좋은 젊을 때 많이 해야 될 것 같습니다.

# 10.
# 직원 채용의 비결이 있나요

식당 하면서 제일 어렵고 골치 아픈 것이 직원 구성입
니다. 그래서 이 페이지에서는 직원 채용의 실상을 밝히
겠습니다.

우리 손님들에게서 가끔 이런 말을 듣습니다.
"여기 식당 직원들 어디서 다 구해오는지 하나같이 일
들 잘하고 친절하네. 사장님은 복도 많으셔."
이실직고 하건데 그간 지역 정보지 광고를 통해 면접
본 인원만 해도 300명은 족히 넘고, 며칠 혹은 몇 주, 몇
달 일하다 스스로 그만두거나 보낸 인원만 해도 30명은
될 겁니다.

많은 구직자들에 마음의 상처를 주었고 그 사람들만큼

이나 업주인 나도 상처를 많이 받았지요. 자기 발로 떠난 사람은 아쉽지만 마음은 편한데 며칠이라도 같이 일하다 보내려면 마음이 영 불편합니다. 내 가게를 살리기 위해 어쩔 수 없었다고 변명합니다. 직원 1명을 충원할 때는 보통 면접 10명은 보았고 1명도 못 건진 경우가 허다 했지요.

식당일 중에서도 주방 직원 구하기가 더 힘들었습니다. 손 빠른 조리 실력이 필요하지, 자칫 베이기 쉬운 칼질, 뜨거운 가스불 앞에서 서서 일하지. 근무 여건이 열악하다 보니 한국인이 기피하여 점차 외국인(특히 중국,베트남) 차지가 되고 있습니다.

마땅한 직원을 구하기 전에 현재의 근무 여건을 개선하여 일하기 좋은 환경을 만들어 놓고 출신, 나이, 성별 가리지 않고 문호를 활짝 개방합니다. 합당한 조건을 내걸고, 광고하고, 많이 만나보고 기도할 수 밖에요. 그리고 적은 직원으로도 일을 소화시킬 수 있게끔 평상시 All Round Player 정예화 훈련이 필요합니다.

# 11.
# 식당 직원 관리가 어렵다는데

직원 관리는 공평하게 대하는 것이 원칙입니다. 특정인만 편애한다거나, 무시한다거나 하는 것은 공동체 팀워크에 도움이 안 됩니다.

이런 말이 있지요. "남편이 왕 대접을 받고 싶으면 먼저 아내를 왕비 대접하라." 마찬가지로 직원에게 내 가족같이 잘해주면 직원도 사장을 존중해 줍니다.

프랜차이즈 가맹점주에게서 흔히 보는 사례인데 외부에서 CCTV를 통해 직원 동태를 파악하고는 전화로 지적하고 지시하고, 그러면 직원이 오래지 않아 떠나겠지요. 직원에게는 '사장은 당신을 믿는다' 하는 신뢰감을 주는 것이 중요합니다.

'나는 사장이다' 하는 권위 의식을 버리고 직원과 한 식구다라는 공동체 의식을 가져야 됩니다. 틈나는 대로 직원의 일을 돕고, 잘 먹이고, 아껴주면 "우리 사장은 우리 편이다." 하는 사장에 대한 신뢰가 생기고 이는 어려운 환경에서 일할수록 꼭 필요합니다.

금전과 관련된 문제가 생기면 사장인 나를 도와주고 있는 직원을 상대로 '내가 조금 손해보고 그래서 '직원이 조금 이익을 보게끔' 사장이 양보하면 됩니다. "우리 사장은 인색하다, 깍쟁이다, 돈에는 무서운 사람이다." 이런 소리가 뒷담화에서 나오면 안되겠지요.

농작물이 농부의 발자국에 자라듯 직원도 주인의 정성 어린 손길에 자란답니다. 직원에 대한 관심과 배려가 필수 덕목인 시대에 우리가 지금 장사를 하고 있습니다. 막 부려먹어도 잘 따라주던 시대는 인력이 넘쳐나던 옛날 이야기입니다.

## 12.
# 식당 주방장 관리가 가장 어렵다는데

주방장만이 할 수 있고 그(그녀)가 없으면 식당이 돌아가질 않으니 곤조(일본어로 근성)를 부릴 수 있겠지요. 우리말로 하면 고집, 고약한 성깔이 되겠군요. 특히, 일식 중식에 곤조 있는 주방장이 많지요. 그 대책은 이렇습니다.

먼저 사장인 내가 요리 기술을 배워 주방장 실력을 갖추는 것입니다. 우선 무 칼질에서부터 생선회 뜨는 것 정도 기초를 익힌 후 팬을 흔들면서 재료를 볶아주는 웍질까지 숙달합니다. 그리고 주력 한 가지로 전문화하고 주방장의 의존도가 낮은 메뉴를 선택합니다.

다음 대책은 놓치기 아까운 뛰어난 실력의 주방장인 경우 인센티브 성과급을 도입하는 겁니다. 예를 들면 총매상의 10%를 성과급으로(월 5천만 원 매상이면 5백만 원).

그것도 어려우면 주방장 없이도 운영 가능한 프랜차이즈 가맹점을 찾아봅니다.

식당 운영을 안정적으로 지속 가능하게 운영하려면 뭐니뭐니해도 사장인 내가 주방장이 되는 것입니다. 다음 단계로 사장이 별도 주방장을 두고 전체 관리를 하더라도 주방 실력을 갖추고 있으면 감히 누가 곤조를 부릴 수 있겠습니까.

**CASE**

대기업 고위 임원으로 퇴직하여 가오(폼)가 있는 L은 전 재산 4억을 투자해 기존의 근사한 퓨전 레스토랑을 인수했다. 인수하고 보니 주방장에 문제가 있었다. 걸핏하면 곤조를 부려 정상적인 운영이 어렵자 결국 그를 보내고 사장이 직접 주방장 역할을 하였다. L의 피나는 노력과 전가족의 합세에도 불구하고 맛 떨어져, 손님 떨어져, 매상마저 크게 떨어져 결국 두 손을 들게 되었다. 가게를 내놓았으나 인수할 자가 없어 철거비 7백만 원을 들여 정리했다. 1년 반만에 투자 자본금의 75%인 3억 원이 날라간 것이다.

# 13.
## 가족 경영은 어떨까요

2023년 현재 식당 경영의 가장 어려운 점은 일할 사람 구하기 어려운 인력난과 급격히 오른 인건비 부담이라 할 수 있습니다.

가족 경영은 이러한 부담을 해소할 수 있는 좋은 방안이지요. 단지 서로 상대를 이해하고 배려하는 마음이 전제되어야 한다는 것입니다. 2인3각 방식처럼 시너지 효과를 볼 수 있어야 되는데 일처리 방식에서의 의견 충돌, 서로 주도권을 쥐려고 싸우게 된다면 혼자 하느니만 못하겠지요.

실제 현장에서 보면 좋은 모양의 부부 운영을 보기가 참 어렵습니다. 부부 공동 운영의 방식과 요령을 몰라서 그래요. 역할과 책임을 확실히 구분하는 겁니다.

예를 들면, 남편은 주방을, 아내는 홀을 책임지고, 자금권은 아내에게 주고, 중요한 자금 집행은 합의로, 사업자 등록은 공동명의로.

남편 잘 만났으면 영부인도, 시장 부인도 될 수 있는데 잘못 만나 호강도 못 시키고 식당 아줌마로 만들었으면 돈이나 실컷 만지게 해줘야지요.

책임과 의무는 남편이, 권한은 모조리 아내에게 주면 최소한 싸울 일은 없습니다. 남편은 그저 네네 하면 됩니다.

좋은 부부로, 동지로, 친구로, 마음 잘 맞는 부부의 공동 운영은 아주 이상적이지요. 사소한 건도 서로 의논해서 하고, 하루 마감 후 서로 수고했다 다독여 주고, 휴무일에는 같이 맛집 순례도 하고, 같이 가벼운 여행도 하고.

'부부의 성공적인 공동운영'

다 본인 각자 하기 나름입니다.

**CASE**

서울 종로에 가면 꼭 들리는 작은 일식집 O. 주방장 겸 사장이 위생모에 가운까지 단정히 차려 입고 열심히 음식을 만들고 부인과 딸이 친절히 손님을 접대하는 이상적인 가족 경영을 목격한다. 사람 구하기 힘들고 인건비가 부담되는 자영업 세계의 현실적인 대안이다.

# 14

# 친구와 동업으로 창업을 할까 해요

창업의 동업이라— 이해는 갑니다. 부족한 자금사정일 수도 있고, 위험 분산도 되고 서로 의지도 되고, 서로의 강점이 합쳐지며 시너지 효과도 볼 수 있고요. 그런데 의도는 좋았으나 실행에 옮겨지며 서로의 견해 차이로 갈등이 생길 수가 많아요.

정히 동업으로 해야 된다면 약정을 분명히 해야 됩니다. 동업기간, 투자비율, 담당직무와 직책, 이익금 배당, 계약 파기 시의 정산 등. 시작단계에 서류상으로 약정하고 공증까지 받아 놓아야 뒤끝이 깨끗합니다. 자칫하면 돈 잃고 사람 잃고 마음의 상처만 남습니다.

좋은 의미로 동업을 했지만 결국엔 낯 붉히며 결별한

사례의 대부분은 돈 때문입니다. 의리도 약속도 돈 앞에 서는 무너지게 되어 있습니다.

주위를 둘러봐도 동업하다 결말이 좋은 경우는 거의 보지 못한 것 같습니다. 그래서 가급적이면 단독으로 창업하길 권합니다.

**CASE**

1. C가 친구 3명과 각자 1억 원씩 투자하여 M피자 체인점을 개설한 초반 3년은 월 200만 원 정도의 수익금을 배당 받아 그런대로 만족스러웠다. 그러나 그 이후 3년은 배당금이 없었고 최근 2년은 적자로 처분하려 해도 매수자가 없다.
초기 자본금은 다 사라지고 친구들과도 잦은 의견 충돌로 친구들과의 사이도 멀어졌다.

2. P가 친구와 둘이 동업으로 유명 T 커피 체인점을 창업했다. P가 1억, 친구가 3억을 출자해 사업자 등록은 친구 명의로, 이익금은 균등 배분하기로 하였으나 막상 이익금이 월 2천만 원이 넘자 이익금을 1:3 출자 비례로 배분할 것을 주장, 결국 P가 출자금 1억을 돌려받고 동업 관계도 친구 관계도 청산하고 말았다.

## 15.
# 바람직한 식당 사장의 상(像)이라면

일전에 TV를 보다가 무릎을 탁 쳤더랬습니다. 왕년의 여배우 엄앵란 씨가 남편이었던 고 신성일 씨를 회상하면서 하는 말 "그 양반은 하도 잘생겨서 가만 있어도 여자들이 사족을 못 쓰니 내가 속을 엄청 썩었지만 그래도 내가 이혼 안 하고 산 거는 그 양반 절대 치사하지 않았던 사람이야. 누가 뭐래도 그이는 신사였어."

나는 갑자기 신성일이 좋아졌고 그 신성일이를 알아준 엄앵란이도 대단한 여자로 높게 보였습니다.


그렇습니다. 식당사장이 갖추어야 될 像(품격)이라면 〈치사한 사람이 안 되는 것〉


※ 치사: 행동이나 말 따위가 째째하고 남부끄럽다.

왜 이런 말을 하는고 하니 음식장사는 수양이 없으면 저절로 치사해지는 직업이기 때문입니다. 재료를 아껴 원가를 낮추고 싶고, 매입 재료는 싼 걸로 들이고 싶고 그러나 판매 가격은 올리고 싶고, 손님들에게는 퍼주기 아까워하고 직원들에게는 대우는 낮게 일은 빡세게 시키고 싶은 -

째째함은 절대 경계해야 됩니다.

한푼 두푼 잔돈을 모으고 여유가 없는 장사다 보니 자신도 모르게 인색해지고 잘아지고 치사해지는 것이 음식장사인 것 같습니다.

그러니 끝없는 수양 - 즉 자비심, 감사, 연민, 겸손, 친절이 몸에 배게끔 수시로 돌아보고 반성하는 훈련이 필요한 직업이 음식장사입니다. 어려운 이야기지요?

## 16.
# 시장 산책의 필요성

사업을 하는 사장이 제일 경계해야 할 것은 현 상태에서 안주하는 것입니다.

'이만하면 됐다. 이제 저절로 굴러가니까 이대로만 가자.' 창업 당시의 열정은 사라지고 한마디로 초심을 잃게 됩니다. 그러면 더 이상 발전은 없고 퇴보할 일만 남습니다.

이럴 때 가장 쉬운 처방이 바로 시장 산책입니다. 밖으로 뛰쳐나가 머리도 식힐 겸

1) 인근 상가도 들러 보면서 경기 동향도 살피고

2) 새로 개업한 식당에 들러 대표 음식을 사먹고 (축하도 하며 예상 성공 유무를 스스로 심사한다)

3) 폐업한 식당은 그 원인을 진단하고

4) 재래시장이나 도매시장에 들러 가격 변동을 확인하고

5) 가끔은 큰 상가(예를 들면 대학가, 강남 번화가)에 원정 가서 최신 유행하는 젊은이들의 기호는 무엇인지 관찰합니다.

그러면서 의문을 가져야 됩니다.

1) 저 식당은 왜 망했을까

2) 이 식당은 왜 장사가 잘될까

3) 잘 팔리는 상품(메뉴)은 무엇인가

4) 지금 나는 어디로 가고 있는가

5) 그렇다면 나는 어디로 가야 하는가

의문 속에서 해답을 찾습니다.

식당 안에서 우물 안의 개구리가 되지 말고 밖으로 나가 세상 구경하며 안목을 넓히세요. 공부꺼리가 무지 무지 널려 있습니다. 가능하면 3년에 한 번은 일본 동경이나 오사카 시장으로 원정 산책을 추천합니다. 시장 공부는 일본이 배울 게 많습니다(친절, 겸손, 정성, 상인 정신 등) 시장은 아이디어의 보물창고요, 장사 공부에는 최고의 학교입니다.

# 17.
# 홍보 및 디자인은 어떻게 하나요

　개인 브랜드 식당의 경우에 주로 해당되는 과제인데 가장 정직한 홍보는 입에서 입으로 즉 입소문을 타는 홍보입니다. 이 입소문 홍보가 성공하기 위해선 음식이 맛있다 하는 절대적 상대적 평가를 받아야 합니다.

　최소한 "그 집 음식 먹을 만하다." 정도는 되어야 입소문을 듣고 찾아옵니다. 그리고 또 입소문을 내 줍니다. 그저 그렇고 그런 보통의 음식을 먹고는 본인부터 다시 안 오고 입소문도 기대하기 힘듭니다. 입소문 광고는 시간이 필요합니다.

　전단지 광고는 예전에는 그런대로 먹혔는데 요새는 별 효과가 없습니다.

　빠른 광고 효과는 비용이 좀 들더라도 블로그 마케팅이라고 홍보회사에서 대행하는 홍보 방식이 있는데 새로 개업하는 식당은 한번쯤은 이용해 볼 만합니다.

그리고 젊은층에서는 페이스북, 트위터, 인스타그램 등 SNS를 활용한다고들 하는데 나는 한번도 안 해봤지만 할 수만 있다면 도움이 되겠지요.


답이 나왔습니다. 장기적으론 입소문. 단기적으론 스마트폰에 의한 인터넷 홍보. 두 홍보 방식 모두 음식과 서비스에 자신 있을 때만 성공 가능합니다. 특히, 인터넷에 고객의 평가가 나쁘게 나오면 역효과를 볼 수도 있습니다.


식당 내외부 광고 디자인은 본인이 원하는 컨셉을 정하고 제품 사진도 스마트폰으로 찍어 전문 디자인 업소에 실사 출력을 의뢰합니다. 조잡하게 하지 말고 프랜차이즈 가맹점의 디자인을 모방하는 것이 모양도 좋고 쉽습니다.

# 18.
## 세무와 노무 관리는 어떻게

나의 경우 사업자등록을 한 지 처음 1년 정도는 간이 과세자로 세금이 거의 없었다가 그 후엔 일반 과세자가 되어 세금이 차츰 불어나더니 근래엔 연 수입금액이 늘어나면서 성실 신고 대상자가 되었네요. 이제 고소득 자영업자가 되었으니 자료를 성실하게 신고하고 종합소득세 좀 많이 내라는 거지요.

지금은 세무 관련 전산 시스템이 거의 완벽하게 갖춰져 자영업자의 탈세 수단이 없습니다. 매입, 매출 자료를 철저히 챙기는 수 밖에요.

노무도 근로계약서를 개인별로 작성해야 하고 제대로 이행하지 않다가는 노동고용부에 불려갑니다. 퇴직 직원이 진정을 하면 그곳은 완전 노동자 입장에서만 해결합니다. 사용자는 어디 기댈 데가 없습니다. 안 불려가도록 잘 챙기는 게 상책입니다.

세무·노무는 직접 챙기지 말고 전문 대행 사무실에 맡기고 업주는 장사에 전념하도록 합니다. 수수료 좀 내더라도 그 편이 훨씬 편합니다.

## 19
# 기부는 선택일까요 필수일까요

"장사를 하는 목적은 뭔가요?"

– 돈

"그럼 그 돈 벌어 어디에 쓰나요?"

– 잘 입고 잘 먹고 잘 자는 데

"그리고 남는 돈은 어떻게요?"

– 자식들에게 물려주지

"내 자식만 사람인가요 못사는 남의 자식은요?"

– ……………………….

국가가 있고, 사회가 있고, 이웃이 있고, 그 속에 나와 가족이 있고 – 이렇게 순환 속에서 내게로 온 돈, 쓰고 남은 돈은 세상 속으로 흘려보내 주어야, 선순환 시켜야 돈을 번 보람이 있는 거 아닐까요?

수입의 10%를 하나님께 바칠 것을 명한 구약성서의 율법을 차치하고서라도 돈은 돌고 돌려야 한다, 여윳돈은 절실하게 필요한 곳으로 흘려야 된다는 것이 기부에 대한 나의 가치관이고 따라서 기부는 필수라는 생각입니다.

또한 기부는 삶에 동력을 불어넣기도 합니다. 장사하다 너무 힘들 때 "이만 하고 접을까?" 잠시 딴 생각하다가도 "아니지. 내 장학금을 받을 아이들을 생각해서라도 버텨야지" 긴장의 끈을 놓을 수가 없네요.

그리고요, 기부를 하면 마음의 기쁨이 큽니다. 내가 내는 기부금은 다 해서 월 2백만 원 정도밖에 안 되지만 받는 기쁨은 10배는 더 된답니다.

그러니 여러분도 열심히 장사해서 돈을 많이 버시고 수익금의 10% 정도는 우리보다 어려운 사람들을 위해 기부하시어 음식장사의 보람을 느꼈으면 합니다.

작년 1년간의 종합소득세를 세무사가 계산해 왔는데 법정 기부금 2200만 원 중 감면액이 무려 30% 정도로 혜택도 큽니다.

연예인 중 기부를 잘 하는 차인표 부부, 지누션 부부, 아이유, 유재석 씨만 보더라도 표정에 기쁨이 넘치지 않나요? 축복도 받고요.

예, 기부는 하늘이 주는 선물이고 필수입니다.

## 20.
# 향후 외식업의 트렌드와 전망은

요즘 1~2인 가구의 증가와 그들을 대상으로 하는 간편식(편의점 도시락·밀키트 등) 시장이 조금씩 자리를 잡아가고 있는 추세이지만 외식업의 대세는 역시 식당 음식이 되겠습니다.

다만 점점 일손이 부족해지고 그중에서도 숙련된 인력을 구하기 어려워지는 데다가 급격한 임금 상승에 따른 인건비 부담은 식당 자영업자의 피할 수 없는 당면 과제가 되었습니다.

이의 해결책으로 혈연 중심의 친족 경영 식당이 늘어날 것이고 또한 인력 감축으로 인건비를 절감하는 기법·기술이 대두될 것입니다.

예를 들면 고객이 주문과 결제를 직접 하는 키오스크를 채택하고 손님이나 로봇이 홀서빙을 대신하게 하여 인건비를 절감하거나 주방의 동선을 간소화하여 적은 인원의 조리 시스템을 갖추거나, 나아가선 부분적으로나마 주방 로봇 설비도 향후 상용하는 날이 머지않아 오리라 봅니다.

이러한 경영 개선 및 자동화와 상관없이 변함없는 것은 맛집의 수요는 무궁무진하다는 것입니다.

제아무리 경제가 안 좋다, 자영업이 어렵다 해도 음식이 맛있고 비싸지만 않으면 절대 망할 일은 없다는 거. 음식 장사해서 떼부자는 안 될지라도 등 따시고, 배 부르고, 마음 편하고, 빚 안 지고, 형편대로 이웃에 봉사하는 삶을 살 수 있다면 직업으로 괜찮지 않나요?

젊은 시절 진작에 이 길, 외식업의 길을 걸었더라면 얼마나 좋았을까 하고 생각해 봅니다. 그만큼 매력적인 직업이 음식장사임을 나는 뒤늦게나마 알게 되었어요.

모든 사업이 다 그렇지만은 특히 음식업은 경영자의 능력에 전적으로 달려 있다는 것을 현재 한국에서 가장 인기있고 신뢰할 만한 외식경영 CEO인 백종원 대표가 증명하고 있지요. 작은 식당에서 시작해 2023년 1월 기준 29

개 브랜드 2550개의 가맹점을 보유한 더본코리아를 만들어 외식업, 프랜차이즈 업계의 지존으로 자리잡고 있는 외식업계의 대표적인 인물입니다.

결론적으로 먹거리산업의 전망은 누가 뭐래도 최고로 밝다고 할 수 있겠습니다.

인간은 죽기 전까지 먹어야 되니까요.

# 자전적
# 에세이

재물은 어떤 사람에게 붙나요?
사람은 각자 타고난 자기 돈 그릇이 있습니다.
큰 부자는 하늘이 내리지만 작은 부자는 근면과 성실
그리고 도전정신이 만듭니다.

# 1.

# 장수시대의 요구

　　대학 1학년 겨울방학 때 출생지인 경북 의성 친척집을 방문했더랬습니다. 마침 친척 어른 중 한 분의 60세 환갑 잔치가 벌어졌습니다. 흰머리에 긴 수염 하며 영락 없는 상노인에게 모두들 장수를 축하하며 흥겹게 먹고 마시고 놀았던 기억이 납니다. 당시 우리나라 남자의 평균 수명을 찾아보니 1970년 58.7세. 최근 2020년 통계엔 80.5세. 불과 50년만에 수명이 근 20년 넘게 늘어났네요.

　　1970년이면 먼 옛날도 아닌데 말입니다. 곧 다가올 2050년엔 평균 수명이 약 90세가 된답니다. 은퇴를 60세라 쳐도 앞으로 대략 30년을 더 살아야 하니 보통 문제가 아닙니다요.

　　은퇴 이후 경제 사회 활동은 이 장수시대에는 필연적인

요구라 할 것입니다. 경로 우대 받는 65세는 기운이 넘치는 나이고 75세를 넘어 80세까지는 얼마든지 활동 가능한 나이지요.

문제는 어떻게 활동할 것이냐, 무엇을 할 것이냐이겠지요. 경제적 여유가 있으면 봉사도, 취미활동도, 사교모임도 좋겠지만 경제에 자유롭지 못하다면 무엇을 수단으로 경제적 활동을 해야 될지 자못 고민스럽게 됩니다.

지나온 세월을 거치며 얻은 경험과 지식은 비싼 대가를 치르고 얻은 소중한 자산인데 자신없다고 포기하기에는 너무나 아깝지 않나요?

철학하시는 김형석 교수님을 보세요. 100세가 훌쩍 넘긴 연세에도 강연, 집필로 이 사회, 이 시대에 꼭 필요한 역할을 하며 사시는 모습 얼마나 보기 좋습니까.

지금 몇 살이냐가 문제가 아니고 몇 살로 살고 있느냐가 중요함을 가르쳐 주고, 늙어가며 절대로 세상이나 가족에 부담스런 존재가 되어서는 안된다는 것을 몸소 보여주고 계십니다.

가수 노사연 씨의 노래 〈바램〉에 좋은 가사가 한 줄 있네요.

– 우린 늙어가는 것이 아니라 조금씩 익어가는 겁니다. –

그래요, 우리는 비록 나이를 먹어가더라도 유용한 가치를 만들 수 있어야 되겠습니다. 우리 시니어의 롤 모델인 김형석 교수님처럼요.

## 2.
# 노후의 화양연화

한국인들은 유독 모임 갖기를 좋아하는 것 같습니다. 학교 동기 모임, 퇴직 동료 모임 등 특별한 꺼리가 없는 데도 카톡 단체방을 만들어 놓고 소통하며 정기적 만남을 갖습니다.

그런데 점차 모임 인원이 줄어듭니다. 사망, 질병에도 연유하지만 주로 경제적 이유가 많습니다. 구태여 만나 기죽고 싶지 않거든요.

경제는 나이가 들어갈수록 건강과 더불어 중요한 삶의 의미를 갖습니다. 그런데 은퇴 전에 충분한 축적이 있는 일부를 제외하고는 자유롭지 못한 게 노년의 경제 인생입니다.

제아무리 아름다운 꽃도 시들고 지듯이 우리네 인생도

나이 들어 늙으니 잘나가던 한때도 희미한 추억의 그림자로만 남을 뿐입니다.

돈 잘 벌어주고 남자 구실하던 호시절엔 순종하던 마누라도 은퇴 후 집안에서 얼쩡거리며 삼식이가 되면 말도 놓고 이것저것 막 부려먹으려 하고 구박하기 일쑤지요.

홍콩배우 양조위와 장만옥이 주연한 〈화양연화〉라는 영화 제목이 기억납니다.
 - 花樣年華  인생에서 가장 화려하게 꽃 피울 때 -
"은퇴 이후 노년의 삶이 이렇게 될 순 없을까요. 그 길은 무엇일까요?"
"일하면서 돈도 버는거요."
"예. 맞습니다."

 - 마당 쓸고 돈 줍고 / 님도 보고 뽕도 따고
   도랑 치고 가재 잡고 / 누이 좋고 매부 좋고 -

은퇴 후 노후에는 일이 있어야 돈이 생깁니다. 돈이 있으니 쓰는 재미도 있습니다. 시간도 잘 갑니다. 움직이니 음식 맛도 있습니다. 잠도 잘 옵니다. 건강에도 좋습니다. 아랫사람, 집 식구들에게도 대접 받습니다.

아, 그러려면 우선 일이 있어야 되겠군요.

부족하지만 저의 경험이 여러분께 도움이 되어 남은 인생 후반부 화양연화가 되었으면 좋겠습니다.

# 3.
# 재운의 법칙

우리가 장사를 하는 목적인 돈에 대해 생각해 보는 시간을 갖겠습니다.

돈이란 인간 생활에 없어서는 안 되는 꼭 필요한 도구지요. 돈은 경제적인 자유함을 주는 동시에 좋은 일을 할 수 있는 수단이 되기도 합니다.

없으면 불편하고 사람 구실 못 하게 만드는 돈. 가난이 앞문으로 들어오면 사랑이 뒷문으로 도망가게 하는 돈.

1960년대 가요 「삼등인생」이라는 노래 가사 기억나나요?

－ 돈 떨어져 신발 떨어져 애인마저 떨어져～

이것 참 야단났네. 큰 탈이 났네～ －

그럼 이 돈은 누구한테 붙나요? 재운 즉 돈복이 있는 사람은 어떤 사람일까요?

현대 정주영 회장은 생전에

"큰 부자는 하늘이 내리지만 먹고 살기 넉넉한 작은 부자는 바르게 살고 성실하면 된다"라고 했다지요.

그분의 특유한 화법 "이봐! 해보기나 했어?"

「근면과 성실과 도전정신」

이것이 바로 재운의 원천 아니겠습니까.

해보지도 않고 "나는 안 돼. 자신 없어." 그러면 재운이 비집고 들어갈 틈이나 있겠나요?

가수 조영남의 노래 중에 '세상만사 둥글둥글 돌고 도는 물레방아 인생'이라는 가사 같이 돈도 돌고 돌아 바르게 살고 창조적인 사람에게 찾아가는 것이 재운의 법칙이 아닌가 생각해 봅니다.

그런데 이 재운이 영원할까에 대해 또 생각해 봅시다.

재운이 번짓수를 잘못 찾아 엉뚱한 사람에게 갔을 때 (로또 복권 당첨자에 흔히 있음) 발 달린 운은 '아차, 여기가 아니군' 하며 어떤 방법으로든지 떠나갑니다. 가면서 해코지하고 가기도 합니다. 또한 재운을 받은 자가 초심을 잃거나, 지가 잘나서 받은 줄 알고 감사함을 모르고 오만 방자하면 그 또한 떠나게 되어 있습니다.

받기도 힘들지만 간수하기도 힘든 것이 재운(돈복)이네요.

## 4.
# 계영배의 교훈

어렵게 굴러온 재운을 이제는 잘 지키고 키워야겠는데요.

죽을 때까지 모으고 계속 쌓기만 하면 어떻게 될까요?

결국엔 돈이 똥이 되고 똥더미로 쌓이고 똥냄새만 진동하겠지요. 흘려 내려주고 흩어 보내주면 귀한 거름이 되어 더욱 풍성한 과실을 맺게 될 터인데 말이죠.

조선시대 거상 임상옥이 지니고 교훈을 얻었다는 계영배(戒盈杯)가 있습니다. 잔의 7할을 채울 경우 그 이상은 모두 밑으로 흘러내리는, 인간의 끝없는 욕심을 경계하는 상징적 의미를 가진 계영배.

재물은 나누고 아래로 흘려 보내주어야 재물의 순기능이 작동하여 제 가치를 발휘한다는 것이지요.

마장동 축산물 시장에서 대량 구입한 육류를 보관할 창고를 임차했습니다. 그런데 희한하게도 그 안에 작은 옹달샘이 하나 있네요. 샘물을 퍼내면 금세 20L 정도의 맑은 물이 채워지고, 더 이상 넘치지도 않는 요상한 옹달샘. 내게 무슨 깨달음을 주고 싶은 걸까요?

"돈은 물(水)이다. 물(水)처럼 흘러야 된다. 아니면 썩는다."

옹달샘 덕인지 장사는 날로 번창했고 2호점까지 자리잡은 후에는 수익의 나눔(일종의 십일조)을 실천하기로 했습니다. 나름 개발한 재운 지키기 요령이랄까요.

사람은 각자 타고난 자기 돈 그릇이 있다고 봅니다. 제아무리 돈에 욕심을 부려도 돈 그릇이 작으면 한계가 있겠지요. 자신의 돈 그릇(분수)을 아는 지혜가 필요한 것 같습니다. 분수 이상의 재물에 집착하고 엉뚱한 짓을 하여 흘러 넘치게 하느니 차라리 먼저 자선을 택하는 것이 현명하지 않을까요?

자신의 돈 그릇을 크게 키우고 싶다고요? 그러면 일에

시간과 노력과 열정을 더 쏟는 한편, 베풂의 크기도 키워 보세요. 그러면 돈 그릇도 자연 커질 것입니다.

## 5.

# 돈이 주는 자유함

⟨♡♡⟩

내가 장사를 시작할 마음을 먹은 건 10년 동안 놀다 보니 저축된 잔고가 점차 줄어들어 몇 년만 더 까먹으면 바닥을 볼 것 같은 초조함도 있었지만, 그것보다 사람이 점점 쫄아지고 치사해지는 것에서 벗어나고 싶어서 입니다. 청첩을 받아도 반갑지가 않았고, 부고를 접해도 조의금을 걱정해야 했으니~

누구를 만나도 부담스러웠고 궁핍한 자신이 싫었습니다.

장사를 시작하고 첫 달 월말정산하고 남은 이익금이 280만 원, 다음달 620만 원, 그 다음달 810만 원.

야, 이거 신나네. 월급쟁이보다 훨씬 낫네요. 그 이후 단 한 번도 적자를 본 적 없이 통장 잔고가 계속 불어나고, 그렇게 모인 잉여금으로 2호점도 내고, 거래 은행에서는 VIP 고객이 되고, 그토록 돈복 없다고 타박을 주던 아내에게도 인정을 받고요.

그리고 이 돈이 사람의 가치를 높여주고 좋은 일을 할 수 있는 도구도 되었습니다. 학교 장학 기부도, 종교 헌금도, 복지 후원도, 자식 증여도, 형제 용돈도, 마음만 먹으면 언제든 실행할 수 있는 작은 자선도, 넉넉한 부조도, 친구 만나 밥 한끼 살 여유도.

써야 될 자리에 흔쾌하게 내놓을 수 있다는 거. 돈 이거 정말 좋은 도구네. 돈을 번다는 것도 쓴다는 것도 다 큰 기쁨을 주네요.

아무리 험한 일을 해서 번 돈이라도 그 돈을 보람 있게 쓰라는 "개처럼 벌어 정승같이 쓰라."는 속담에 소비의 지혜가 담겨 있습니다.

# 6.
## 사람에게는 얼마만큼의 재물이 필요한가

99억 9천만 원을 가진 부자가 가난한 자의 전 재산 1천만 원마저 빼앗아 100억을 채우고 싶을 만큼 돈에 대한 욕심은 한도 끝도 없습니다.

그래서 돈을 내려놓지 못하고 질시도 원한도 많이 받기에 성경에도 오죽하면 "부자가 천국 가는 일은 낙타가 바늘구멍을 통과하는 것과 같다."라고 할까요.

그리고 예수께서는 천국 가는 방법을 가르치지요.

"가지고 있는 재물을 가난한 자들에게 나누어 주어라."

나는 천국을 마음의 평안으로 해석하고 싶습니다. 즉, 재물을 움켜쥐고만 있으면 누가 뺏어갈까, 잃어버릴까 마음이 편치 못하지만(지옥) 어려운 사람들에게 나눠주면 마음의 평안(천국)이 온다는 거.

사실 따져보면 100살 살기 어려운 일생에 돈이 얼마나 필요할까요? 100억 부자가 60살부터 넉넉하게 써도 1년에 5천만 원이나 쓸까 말까. 사실, 부자는 근검절약이 몸에 배어 생활비로 월 5백만 원도 채 못 씁니다. 친구끼리 밥을 먹어도 성미 급한 가난한 친구가 기죽기 싫어 먼저 계산하니 부자는 돈 쓸 기회도 없습니다. 우리 소시민들은 월 3백만 원이면 충분하지 않나요?

내가 생명을 유지하는 데 필요한 성인남자 하루 권장 2700칼로리 기준으로 실험을 해 보았습니다.

아침: 우유 1팩, 바나나 2개, 호두 1줌 믹서에 갈아, 식빵 1장, 사과 1개

점심: 라면 1개, 계란 2개, 콩나물 한줌, 김치, 감자 2개, 토마토 1개

저녁: 햇반 1개, 멸치 10마리, 오이 1개, 풋고추 1개, 고추장, 귤 1개

하루 1만 원이면 거뜬히 해결되더군요. 속도 편하고요.

잘난 사람 잘난 대로 살고 못난 사람 못난 대로 살듯이, 있으면 있는 대로 살고 없으면 없는 대로 살면 되는 것. 먹고 사는 데에는 돈이 크게 문제가 안 됩니다.

내가 반지하 단칸방에서부터 옥탑방, 13평~43평 아파

트까지 골고루 다 살아봤는데요, 집의 크기는 행복과는 전혀 관계가 없습디다요. 그중 옥탑방에 살 때가 제일 행복했던거 같아요.

그러면 이번에는 사람에게 얼마만큼의 땅이 필요한가 볼까요? 러시아의 대문호 톨스토이가 답해줍니다.

「주인공은 해가 떠 있는 동안 원하는 땅을 괭이로 표기하고 출발지에서 돌아오면 그 땅을 모두 주겠다는 악마의 제안을 받고 숨이 가빠도 뛰고 또 뛰었다. 그는 해가지기 전 출발지에 돌아왔지만 기진맥진, 곧 심장마비로 죽고 그 자리에 묻혔다.」

정작 그에게 필요한 땅은 한 평도 채 되지 않은 것입니다.
그렇습니다. 대궐 같은 넓은 집, 수십만 평의 땅을 가지고 있어도 인간이 묻힐 땅은 많아봐야 고작 1기 20제곱미터, 합장 25제곱미터(묘지관리법)로 제한 받네요.
생전 그토록 애착을 가졌던 돈이고 집이고 땅이고 다 놔두고 홀연히 가는 것이 우리네 인생입니다. 그동안 탐욕스레 모은 돈 아까워서 어쩌지요?

# 7.
# 수의에 주머니가 있나요

〈하숙생〉이라는 노래 가사 한 구절을 인용합니다.

　- 인생은 벌거숭이 / 빈손으로 왔다가 / 빈손으로 가는
것~

　그래요 공수래 공수거(空手來 空手去). 죽은 사람이 마지막 입는 수의(壽衣)에 주머니가 없는 이유이기도 합니다.
　생전 수단 방법 안 가리고 악착같이 벌어 놓고 그토록 애착을 가졌던 재물이지만 세상 떠날 때는 집이고 땅이고 다 놔두고 동전 한 닢 가져갈 수 없으니 그 돈은 결국 내 돈이 아니라 내가 관리만 하고 보관만 했던 돈인거지요.

　사람들이 내 돈, 피 같은 내 돈이라는 것도 내 노력으

로, 내 실력으로, 즉 내 힘으로만 벌어 모았다고 착각하는데 사실은 본인과 가족 외 관계한 많은 사람들 (예를 들면 직원, 고객, 거래처 등) 그리고 하늘의 도움(운)이 공동으로 만들어낸 합작품이라고 봐야겠지요. 그러니 내 돈이 아닌 우리 돈, 언젠가는 내 주머니에서 이동할 돈이니 미리 알아서 좋은 용도로 쓰이게끔 흘려 보내주는 것이 현명하겠지요.

만고의 진리가 「돈은 돌고 돌아야 된다」라고 하지요. 그런데 돌리지 않고 움켜쥐고 있다가 100살까지는 살겠거니 하다 한순간 세상을 떠난 이들, 그들이 남긴 똥더미(유산)를 서로 많이 차지하려는 유족들의 싸움 사례를 모으면 해인사에 보관하고 있는 팔만대장경을 능가하리라 봅니다.

평소에 필요 이상의 재물은 나누고, 가족에게는 필요한 만큼만 똑같이 물려주는 것이 정답인 것 같습니다.

"힘써 일하고 돈 많이 벌어 남에게 베풀어라. 그래서 이생에 살면서 많은 공덕을 쌓아라. 그것이 후손에게 물려줄 가장 가치 있는 상속이다."

이것이 돈에 대한 나의 가치관입니다.

이 책을 읽는 독자 여러분과도 공유할 수 있을까요?

## 8.
# 부잣집의 유산 사례

오래전 보험회사에 근무할 때 고액 계약자(주로 땅 판 돈) 영감님이 갑자기 사망하자 평소 코빼기도 내밀지 않던 자식들이 우르르 튀어나와 유산을 서로 가지려 살벌하게 싸우던 광경을 지켜본 기억이 있습니다.

유산을 한 푼도 남기지 않고 죽은 가난한 집안엔 형제 우의가 좋은데 많은 재산을 남기고 간 부자 집안엔 십중 팔구 자식 형제간 다툼이 있네요. 심지어 유산 분배로 싸우다 콩가루가 된 집안도 있고요. 돈 앞에서는 인륜이고 천륜이고 맥없이 무너짐을 직접 목격했습니다.

아무것도 물려주지 못하고 죽은 귀신은 저승에서 웃고 있고 반면에 많이 물려준 부자 귀신은 울고 있는 게 보입니다.

반면에 내 주변의 흐뭇한 실제 사례도 있으니 기쁜 마음으로 소개합니다.

**사례 1)** 강남 아파트 30억 상당을 남기고 돌아가신 90 노인의 자식 5형제가 맏이 주도하에 모였다.

"동생들아, 간병인 할머니가 18년간이나 아버지를 지극정성으로 모셨지 않았느냐. 덕분에 우리 모두는 편했고…. 그래서 말인데 이번 아버지 유산을 할머니까지 해서 1/6씩 똑같이 나누면 어떻겠니?"

결과는 만장일치 박수로 가결. 간병인 할머니 몫도 똑같이 5억 원.

**사례 2)** 존경하는 선배 한 분은 장남이고 3명의 누이가 있다. 모시고 있던 노모가 돌아가시고 장례를 맞이하여 평소 대인 관계가 넓고, 현직에 있고, 덕망이 높아 많은 사람의 조문과 조의금만 족히 1억 넘게 들어왔겠지. 그런데 완전 비공개로 가족들끼리만 조용히 치렀다. 선배가 모친 생전에 용돈으로 드린 돈이 그대로 모여 팔천만 원이나 되었다. 사실 누이들과는 상관없는 돈인데 선배 부인이 남편에게 "우리 이 돈 시누네들과 똑같이 나눕시다. 어머님도 좋아하실 거예요." 사려 깊은 부인 덕에 선배는 형제들과 더 깊은 우애를 나누게 되었다.

**사례 3)** 친하게 지내는 교회 장로 한 분은 강남에 소유하고 있는 상가에서 월 1천만 원의 월세가 나온다. 그 돈과 상가건물로 장학재단을 만들어 충청도 고향에 있는 학교 후배들에게 장학금으로 기부하고 있다. 자녀 두 명도 적극 찬동하고 증여, 상속받기를 포기했다.

위의 사례에서 보듯 가까운 우리 이웃에도 선한 사람들이 많이 있고 그래서 세상이 돌아가는 거겠지요.

# 9.
# 나눔의 문화

음식 장사를 시작한 지 5년이 되니 내 나이도 어느덧 70세. 2호점도 자리를 잡고 앞으로 10년 더 80세까지는 계속 할 수 있겠다는 자신이 생겼습니다.

이제부터는 수익의 10%(십일조)를 어려운 환경에서도 공부에 열심하는 학생들을 위해 써야겠다 마음먹고는 관할 지역 내에 있는 S여고를 방문하여 연 1천만 원 10년 총 1억 원의 장학금 기부 약정서를 작성했습니다.

덕분인지 암울한 코로나 시기, 거리 도처에 임대문의, 휴업, 폐업 등의 문구가 걸려 있을 때, 다행스럽게도 우리 식당은 현상유지에 큰 어려움이 없었어요.

마침 개방한 청와대를 관람하는 길에 인근 서울 국립 맹학교를 찾아가 나라에서 내려준 코로나 지원금 3천만 원을 보태 총 7천만 원의 장학금 기부를 약정했습니다.

80세까지 장사 목표를 염두에 둔 거지요.

　기부를 결정하고 나니 장사하는 보람과 함께 최소 80세까지는 이 식당업에 발을 담그고 유지, 발전시켜야겠다는 소명과 책임감이 생겼습니다. 사실 낯뜨거운 개인 기부 이야기는 공개하고 싶지 않았지만 우리 사회에, 우리 식당업에서도 나눔의 문화가 확산되기를 바라는 마음이 간절해서 소개했습니다.

　기부 자선 등 재물의 나눔은 굳이 자랑할 것은 아니지만 숨어 몰래 할 것도 아니겠지요. 적게라도 있는 자의 당연한 의무이고 책임이라는 생각입니다. 우리 자영업자도 장사로 돈을 벌었으면 나라에 세금을 내듯이, 종교신자들이 교회나 사찰에 헌금(시주)하듯이, 적게나마 소외된 곳에도 직접 관심을 가짐이 마땅하다고 봅니다.

　평소 기부 행보에 앞장서 온 부영그룹의 창업주 이중근 회장의 최근 나눔 소식을 접했습니다. - 고향 주민과 학교 동창들에게 각각 최고 1억 원씩을 나눠줬다는 - 내막은 잘 모르겠으나 공수래 공수거를 아는 지혜로운 양반인 듯 싶습니다.

## 10.
# 박애주의 정신

은퇴하고 필리핀 여행 중에 만난 택시 기사에게서 들은 이야기다.

"우리 코리안 안 좋아해요. 돈 좀 있다고 우릴 무시해요. 돈자랑 너무 심해요. 신사가 아니지요. 그건 위험해요."

얼굴이 화끈 부끄러웠다.

6.25사변 때 부산으로 피난간 우리는 거지 중의 상거지였다. 아침이면 "밥 좀 주이소 예에?" 하는 거지들의 처량한 소리가 시내 곳곳에 울려 퍼졌다. 어린 나는 바로 옆 무당집 아들이 동냥으로 얻어온 온갖 음식이 뒤섞인 짬밥을 얻어먹고 허기를 채웠다. 나보다 5살쯤은 많았던 그 형은 지금 어디서 무얼 하고 있을까?

코 큰 외국인(우리는 코쟁이라 불렀다)이 지나가면 졸졸 따라다니며 "헬로 기브미 껌" 우리는 새까만 어린 손을 내밀었다. 거리엔 기술자(소매치기)들이 득실거리고 코쟁이와 팔짱 끼고 다니는 양공주도 흔히 보이고 지게(요즘의 개인택시)의 손님 쟁탈전이 치열했다.

어물전에서 버린 복어(알)를 맛있게 끓여 먹은 일가족 사망과 조개탄 가스 중독 일가족 사망은 하도 흔해 뉴스 축에도 끼지 못했지. 미국 구호 물자로 준 강냉이 가루를 넣은 멀건 우유죽을 긴 줄로 서서 차례차례 한 국자씩 받아 얼마나 맛있게 먹었던가. 당시 미국 구호물자가 우리를 먹여 살렸다(특히 피난지 부산에서는).

전쟁 이후 너나 없이 가난했던 아이들 중에 나는 운좋게 미국 양친회(오늘날의 플랜)의 후원을 받게 되었다. 당시 배우같이 예쁜 미국인 여대생이 후원자가 되어 매달 보내준 후원금과 편지, 각종 선물로 은연 중에 자선을 배운 격이다. 어린 나보다 열서넛 살은 많았을 그 천사 같은 후원자는 지금은 어느 하늘 아래 계실까?

"Very very thank you."

6.25 전쟁 후 폐허가 된 거지 나라에서 이젠 세계 10위권의 부자 나라가 되었다니 꿈 같은 일이다.

앞날이 안 보이는 미개한 이 나라를 위해 젊은 피를 흘리고 귀한 물자로 구호한 우방 국가들의 희생과 도움을 우리는 잊어서는 안 된다. 이젠 갚아야 한다. 경계를 넘어 국경을 넘어 어려운 이웃에 도움의 손길을 내주어야 한다. 그것이 바로 인간의 도리이고 휴머니즘이고 종교의 이유다.

일찍이 러시아의 문호 톨스토이가 했던 말이 있다.

"인류 최고의 가치는 서로 평등하게 사랑해야 된다는 박애주의 정신이다."

## 11.

# 인생만사 새옹지마

1971년 초, 군대 갈 나이가 되어 징집 영장을 받고는 평소 약한 시력이 걱정되어 대학 병원에서 안과 검진을 받았는데 좌안 0.6, 우안 0.01. 선천성 백내장이라 수술도 안 되고 교정시력(안경)도 안 나온다며 의사는 진단서와 함께 덕담을 건넨다.

"니는 시각장애인이야. 이거 제출하면 군대 면제다. 군대 가서 3년 좆뺑이치고 썩느니 그 기간에 회계사 자격증이나 하나 따놔라. 평생 묵고 산다. 축하한데이~"

진료실을 나와 복도 휴지통에다 진단서를 홱 던져버렸다.

"뭐? 씨바. 머시마 새끼가 군대도 못 가믄 병신새끼 아이가. 좆뺑이 치더라도 군대는 가야지."

무슨 애국자도 아니고 치기 어린 객기를 부린 거지.

논산 수용연대에서 시력 검사를 하는데 기간병이 시력 검사표를 막대기로 짚으며 "보이나?" 하길래 "예." 하니 통과. 그 길로 훈련병이 되어 각종 훈련을 받는데 사격훈련에서는 표적지가 잘 안 보여 맨날 불합격. 의사 말대로 기합 좆나게 받았다. 오리걸음, 쪼그려 뛰기. 뒤늦게 후회를 했지만 쏘아 논 화살이라 거둘 수는 없고.

강원도 무지 추운 최전방에 배치된 지 얼마 안 돼 월남전 차출 받은 사병이 지 부모가 상부에 힘을 써 못 가게 된 자리에 내가 덜컥 지원했다. 전쟁에 대한 호기심도 생기고, 죽더라도 외국 구경이나 한번 해보자 싶어서.

맹호부대 포병에 배치되어 월남전 한국군 최대의 격전인 '안케패스 전투'에도 105mm 포를 끌고 참전했지만 부상 하나 안 입고, 좋아하는 캔 맥주 원 없이 마시고, 짧은 파병 1년이었지만 근사한 기억이 많았던 데다가 그때 받은 전투 수당으로 제대 후 2년간의 대학등록금이 해결되었으니 베트남이 내게는 행운의 나라가 되었다.

식당 개업 초창기부터 단골로 오는 손님이 한 명 있다 (지금도 10년째). 그는 나보다 3년 앞선 월남참전 전우인데,

어느 날 그는 내 건강상태를 물었고 나는 협심증으로 스텐트 2개를 넣은 동맥관장 시술을 한 상태라 했다. 그의 강권으로 보훈 심사 끝에 국가 유공자가 되었다.

나는 그런 제도가 있는지조차 몰랐었다. 군대를 안 갔으면, 월남전에 지원 안 했으면, 가서 전사했으면, 식당을 안 했으면 있을 수 없는 기적 같은 일이다.

시각장애인 → 군입대 → 월남참전 → 식당창업 → 국가유공자. 이 연결이 우연인가요, 필연인가요, 운명인가요. 늘그막의 식당 장사하면서 좋은 인연을 만나 뜻밖의 행운도 얻었다.

인생만사 새옹지마(人生萬事塞翁之馬).

필자의 한 편 드라마 같은 서사(敍事)이다.

# 12.
# 철없는 결혼 이야기

내 나이 젊었을 적 결혼 적령기는 당시 남자 27세 여자 23세쯤이었는데 친구들은 약삭빠르게 모두들 장가가고 나는 30이 되도록 노총각이었다.

직장도 내세울 만하지 못하고 지방대학 나왔지, 기반도 없는 가난뱅이에다가 사교성도 없지, 중매를 서기에는 물건이 시원찮은지 아무도 다리를 놓아주지 않았다.

먼저 결혼한 친구들이 소개도 안 시켜주면서 어울려 술을 먹고는 계산도 다 내게 미루고 재빨리 나가며 하는 말, "짜샤, 돈 있는 놈은 니놈밖에 없어. 우린 거지야 임마."

술값에, 하숙비에, 용돈에, 모친 용돈 몇 푼 보내고 나니 매달 저축이 없다. 그러니 장가갈 돈도 없고 자신도 없었다.

어느 날 거래처인 백화점 여직원으로부터 부탁 받은 고객카드 작성을 매개로 다방에서 처음으로 만났다. 작은 키에 예쁜 그녀에게 직설적으로 물었다.

"혹시 결혼할 상대가 있습니까?"

"아직 없는데요."

"그러면 내가 밥 먹여주면 안 되겠습니까?"

"그래 주실래요?"

그렇게 우리는 순간적으로 즉석에서 운명적인 인연을 결정했다.


나중 들은 이야기지만 처녀에겐 집안에서 미는 좋은 총각이 한 명 있었다. H공대 출신의 S전자에 다니는 총각은 부잣집 아들로 신혼집까지 장만해 놓고 있었단다. 첫 데이트를 막걸리집으로 데려가더니 혼자 좋아서 싱글벙글 막걸리를 퍼 마시는 것도 그런데, 자기 자랑을 막 늘어놓고 잘난체를 하더란다. 가난한 집 처녀는 부잣집 총각이 아니꼬와 만정이 뚝 떨어져 총각의 애절한 구혼을 외면했단다. 어디 돈이 없지, 존심도 없나.


처녀의 엄마가 당시 장안에서 유명한 김봉수 철학관에

가서 둘의 궁합을 봤는데 "100점, 이 총각 무조건 잡아!"

그러니 부모가 얼마나 애간장이 탔겠나. 심지어 처녀의 아버지는 "저년이 지 복을 지가 차는구나. 꼴도 보기 싫다" 하고는 크게 실망하더란다. (처녀에게 차인 그 총각은 훗날 S전자의 부사장이 되었단다)

처녀는 하숙 생활하는 부산 출신의 검은테 안경의 가난한 총각이 항상 우수에 젖어 있고 외로워 보이는 게 안쓰럽고 같이 있으면 편안했었단다. (이 나쁜 선택을 두고두고 후회했음)

처녀 엄마가 또 김봉수 선생한테 가서 우리 둘의 궁합을 보니 "이 총각하고는 75점이야. 속궁합은 좋으니 이혼은 안 해!"

그렇게 결정을 했는데, 문제는 결혼이 돈 없이 되나? 빈털터리 총각은 거래처 사장한테 50만 원을 빌려 화장실, 부엌도 주인집과 같이 쓰는 4평짜리 단칸방을 구하고 당월치 15만 원의 월급 중 10만 원을 처녀에게 주며 "이걸로 준비해라."

처녀가 함 이야기를 하길래 "함이 무슨 소용있노, 다 그기 허례허식인기라." 하며 완강히 거부했는데 기실은 함 안에 뭘 넣는지도 모르고, 넣을 것도 없어 허례허식을 핑 계 대었던 것이다.

그러자 처녀가 "함 가방은 내가 준비할 터이니 친구 두 명과 대문을 두드리면 내가 대기하고 있다가 가방을 건네 줄 테니 그걸 들고 들어오세요."

그렇게 뭣도 모르고 술 한잔 하자고 불려 온 친구 2명 과 방 안에 들어가니 그득한 한상차림에다가 대소가 어른 들이 가득차 예비 신랑과 함 내용물을 보고자 모여있었던 거야. 부지런히 큰절하고 질문에 답했는데 그중에서 내세 울 게 하나 있었는데 "자네 성씨가 무엇인고?"

"예, 황보 씨입니다"

"그래, 황보 씨도 양반 성이지"

예비 신랑은 그 자리에서 예비 신부 청송 심씨 양반 가 문의 내력을 듣느라 혼이 났었다.


그 뒤로 결혼 이야기만 나오면 아내는 입에 거품을 문다.

"아니 세상에, 그렇게 없는 줄, 아무것도 모르는 줄 어 떻게 알았겠어. 당신 결혼 무슨 배짱으로 했어?"

"그래도 밥먹여 주겠다는 약속은 여태까지 지켰잖아."

"나참, 어이가 없어. 당신은 결혼을 하지 말았어야 될 사람이야."

"죽은 자식 불알 붙잡고 흔들어 봤자 무슨 소용있노. 다 지 타고난 팔자 소관이지 안 그렇나?"

"시끄러워요! 당신은 입이 열 개라도 내겐 할 말이 없어. 안 그래요?"

"맞다. 내가 뭐라카나."


철이 안 든 남자를 잘못 만나 고생한 아내에게는 미안한 마음이 큰데, 그래서 이제부터 잘해야지 잘해줘야지 늘상 다짐은 했건만 그게 마음대로 되질 않았다.

글쎄 언제나 철이 들려나~

# 13.
# 양양 땅 트라우마

55세 은퇴 후 몇 개월 되었나. 그땐 퇴직금, 예금 합쳐 한 3억 돈푼 깨나 있었지. 그 돈으로 산기슭 물가에 펜션이나 하나 할까, 시골로 내려가 고추 농사 지으며 전원생활이나 할까 부동산에 이리저리 알아보고 다녔다.

그동안 고생한 아내를 위로한답시고 동해·강릉을 거쳐 속초 가는 길에 산 좋고 물 좋다는 양양에 들렀다 가자고, 이왕 들린 김에 좋은 물건이 있나 알아나 보자 해서 읍내 부동산 사무실에 들어갔지. 중개인이 소개한 땅을 보고 나는 깜빡 넘어갔었어.

숟가락 모양의 땅인데, 입구에서 길쭉한 소로를 30° 경사를 타고 올라가면 고구마같이 생긴 땅이 나오는데 총 870평 사방은 국유지 산림에 울창한 밤나무. 북향이라 햇

빛 보는 시간이 짧아 음습한, 사람이 살기는 마땅치 않은 그곳, 평지도 아닌 산비탈. 그곳에서 세상과 단절하고 나만의 은거지로 삼고 싶었지. 요새 말하는 자연인으로-.

1억이래. 보통 사람 같으면 5천이면 사겠소 이런 식으로 흥정을 하잖아. 흥분한 나는 누가 가로채 갈세라 "당장 계약합시다." 하며 중개인 영감을 졸랐지.

아내 왈 "여보, 장난치지 말고 어서 속초로 갑시다. 여긴 음기가 가득 차 귀신 나올 거 같아요. 꼭 도둑놈 소굴 같애."

내 귀에 그 말이 들어오나 "어허~ 무슨 여자가 말이 그리 많노!"

우린 일단 부동산 사무실로 왔어.


"빨리 땅 주인 불러오이소."

아내는 가당치도 않는 남편의 수작을 중단시켜야지 싶어 "나는 차에 있을 테니 어서 나와요." 하며 먼저 나간다.

나는 찬스! 이때다 싶어 아내와 스치듯 들어온 땅 주인 부부가 오자마자 번갯불에 콩 볶아 먹듯 계약서에 서명하고(에누리 없이 1억) 그 자리에서 계약금 1천만 원을 송금했지.

뒤에 안 사실 – 그 땅은 주인이 매물로 내놓은 지 3년이 지나도록 안 팔리니까 부동산과의 밀약이 "7천만 원만 손에 쥐어다오, 그 이상은 부동산에서 먹으시오."

그런데 느닷없이 얼빵한 서울 촌놈이 미친 듯 달려드니 부동산·땅 주인 모두 이게 무슨 횡잰가 얼굴에 희색이 만연한 거라. 나도 870평 땅(임야)이 이제 내 땅이다 싶어 흥분하고, 땅을 본 지 딱 1시간 만에 땅임자가 바뀐 거지.


땅 주인 부부가 사무실을 나가자마자 스치듯 아내가 들어왔다.

"여보 왜 아직 여기 있어? 차에서 깜빡 잠이 들었네. 어서 나가요."

"그 땅 계약했다."

"뭐라고? 언제?"

"조금 전에 했다 아이가"

"진짜?"

금방 작성해 따끈따끈한 1억짜리 계약서를 보여주었지.

"나도 없이? 이 마누라도 없이? 아~ 머리야" 하며 소파에 쓰러진다.

잠시 후 정신을 차린 아내가 부동산 영감에게 삿대질하

며 대든다.

"아니 세상에 마누라 없이 남자 혼자 땅 계약하는 그런 경우도 있어요? 이 계약 무효야 엉터리, 사기꾼, 이 자리에서 누구 죽는 꼴 볼래?"

무섭게 악을 쓰니 영감 슬그머니 밖으로 피한다.

평소 청송 심씨 가문에서 이조 시대 왕비가 3명, 정승이 13명 배출된 양반의 후손임을 늘상 자랑해 왔는데 화가 치미니 양반이고 체통이고 없다. 그렇게 분노한 건 처음 본다. 남편에 대한 배신감, 실망을 넘어 계속 함께 살아야 하나 절망했다 하데.

밤새 잠 한 줌 못 자고 한숨만 내쉬는 아내를 모른 체하고 다음 날 바로 잔금 9천만 원을 부쳤지. 땅 주인 마음 변하기 전에.

사후에 지적도를 떼어 보니 양지 쪽 200여 평은 내 땅이 아니고 국유지네. 또 속았네. 쏟아진 물 주워 담을 수가 있나. 아내에게는 말도 못 하고.

그 뒤는 어떻게 되었냐고?

나 혼자 그곳 숟가락 땅으로 들어가 주민등록 이전하고 전기 끌어오고, 지하수 파고, 컨테이너 두 개 들여놓고 한

2년 숨어 살았지. 지인들과 일체 연락도 끊고. 가출한 자연인으로.

그로부터 5년 후 그 땅을 본전에 팔고 나는 잊어버렸어. 그러나 아내는 무지몽매한 남편 때문에 가슴 깊숙이 상처, 트라우마로 남았다 하니 미안한 마음이지.

이 이야기를 전해 들은 남들은 아내를 위로하는 한편, 재미있어했지만 정작 아내는 복장이 새카맣게 탔는데 시간이 지나 또 엉뚱한 사건(식당 창업)을 벌이니 황당하고 어이없어 억장이 무너지는 것이었다.

# 14

# 선교사 해프닝

아내가 나의 식당 창업을 결사 반대한 이유에는 양양 땅의 트라우마건 외에도 또 한 건의 황당한 해프닝이 있었으니—

양양 음지의 땅에서 콘테이너 생활 2년 후 어중간한 자연인을 청산하고 가족 곁에 돌아온 나는 아내에게 지은 전과를 갚기 위해 아내의 인도로 (사실은 코가 꿰가지고) 교회 출석을 하게 되었다.

여기서도 나의 불쏘시개 싸리나무 같은 성향이 유감없이 발휘되어 교회 내 각종 예배, 기도, 교육훈련, 봉사에 열심히 참여하다 보니 금세 열성 시니어 신자가 되어 비교적 이르게 서리집사의 직분도 받았다.

마침 직장 은퇴자들을 대상으로 한 〈시니어 선교사 양성과정〉을 시작으로 〈전문인 선교사 훈련원〉(타 문화권에서 직업을 가지고 스스로 벌어 선교하는 자비량 선교사를 양성하는 곳) 6개월 과정을 이수하고, 이것도 부족해 필리핀까지 날아가 세계 선교단체에서 설립한 〈아시아 선교 캠프〉에 입소해 4개월간 미국인 선교사로부터 개인지도를 받았다.

그 이후엔 필리핀, 인도네시아 현지 한국인 선교사를 찾아 선교 현장의 실태와 타 문화권에 대한 사전 탐방 선교 여행을 다녀왔다. 꼬박 1년 동안을 선교사가 되기 위한 훈련에 집중했던 것이다.

자, 이제 미지의 선교지를 찾아 떠나는 결단만 남았는데ー 막상 자신을 돌아보니 웬걸, 마음만 있지 준비된 게 아무것도 없는 거라.

1) 겨우 신앙생활 2년 초심자가 성경책 2번 읽은 거 외에 성경해석은 고사하고 사도신경에 대한 이해도 부족하다.

2) 죽어라 해도 영어회화가 도통 늘지를 않는다. 간단한 생활 영어 정도론 선교지에서 어림도 없다.

3) 사랑이 부족하다. 그즈음 아프리카 남수단에서 선교

활동을 하고 있는 이태석 신부를 알고는 죽었다 깨어나도 나는 그분의 시늉조차 못 냄을 자인했다.

4) 선교 자금 마련 대책이 없다. 아내에게 집을 팔아 전세 하나 장만하여 시집 안 간 딸 둘 거처를 마련해주고 그 차액으로 선교지에 투자하자고 졸랐지만 아내는 묵묵부답(집은 아내 명의). 그렇다고 어디 마땅히 후원 받을 데도 없다.

5) 아내는 남편의 선교사(엄밀히 말하면 선교사 보조) 활동에 동역할 생각이 추호도 없다.

결국 아내는 나의 싸리나무가 다 타기를 기다렸고 결국 나는 재가 되고 말았다. 그동안 많은 교육훈련비 선교 여행비를 쓴 보람도 없이— 지금 생각해도 나를 부추긴 교회 식구들과 그저 지켜만 본 가족에게 면목없고 부끄러운 해프닝이다.

남편이 하는 짓이 다 그모양이니 아내의 식당창업 반대는 당연, 이해하고도 남지 않겠는가.

# 15

# 어머니 은혜를 어찌 잊나

우리 집에 한동안 와 있던 손녀가 지 엄마를 졸졸 따라다니며 전적으로 믿고 의지하며, 구원도 청하고, 떼도 쓰고, 울기도 하고 감사해하기도 하는 여러가지 어리광을 보면서 인간의 자아가 형성되기 전 순결한 어린아이의 신앙은 엄마구나. 지 엄마가 바로 주님이구나 싶었다.

　– 내가 믿고 또 의지함은 내 모든 형편 잘 아는 주님

　　늘 돌보아 주실 것을 나는 확실히 아네 –

이 찬송가 속의 주님 자리에 엄마를 넣어보자. 자, 어떤가. 바로 딱 맞지 않나. 어린아이 적엔 (나중 크면 어떻게 바뀔지는 몰라도) 엄마가 주 하나님 역할을 하는 것이다. 태어나서 제일 먼저 말하는 언어가 "엄마"인 것만 봐도 확실하다.

월남전에서 죽어가는 많은 병사가 마지막으로 외쳤던 단어가 무언지 아는가? 바로 "어머니~"

나를 낳아주고 길러주고, 보살펴주고, 걱정해주고, 희생하신 어머니. 그 은혜를 어찌 다 잊을 수 있으리요.

나의 어머니는 6.25사변 와중에 남편을 여의고 나이 채 40도 되기 전에 과부가 되어 부산 피난민으로 자식 넷을 건사하느라 갖은 고생을 다 했다(큰딸은 미리 독립). 당시 피난시절 생존을 위한 몸부림은 너나 없이 처절했지만 내 기억 속의 어머니를 스크린해 보면—

- 고추장을 만들어 단지에 이고 다니며 팔던 모습
- 집에서 밀주 막걸리를 만들어 팔다가 단속반에 걸려 싹싹 빌며 가진 돈 다 털어 모면하던 모습
- 작은 하꼬방 같은 국숫집을 차려 국수를 말아 팔던 모습(그래서 나는 지금도 국수를 좋아한다)
- 식당을 차렸는데 손님의 클레임에 어쩔 줄 몰라 하던 모습
- 국제시장 안 길가 조그만 좌판 위에 각종 채소를 펼쳐 놓고 한여름 뙤약볕에 새까맣게 탄 얼굴(그래서 나는 가끔 길가 할머니 채소에 손이 간다)

당시 다니던 야간고교를 중퇴하고 대입 검정고시를 합격했는데 기사꺼리가 부족한 지방신문에 합격자 명단이 실려 형님이 보고 알아버렸네.

다음날 모친이 시장 바닥 좌판 동료들에게 "우리집 막내가 무슨 고시 합격했다고 신문에 났다카네."

"아이고 성님, 그기 판검사 되는 기라예, 인자 우리 성님 팔자가 확 피어뿟다. 한턱 내이소."

아무 것도 모르는 모친은 동료들 축하에 기분이 좋아 막걸리 한 사발씩 돌리고 집에 와서는 "뭐 니가 인자 판검사 되는 기가?"


그렇게 우여곡절 끝에 자식 셋이 대학을 나오도록 뒷바라지를 했으니 얼마나 고생이 심했겠는가.(물론 맏이 누님이 동생들을 많이 도왔음) 좌판 야채 후배 할매가 그랬단다.

"성님은 고생해도 보람이 있다 아이가. 억쑤로 부럽데이."

그렇다. 대학교수 1명(딸)에 기업체 임원 2명을 배출했으니 누가 뭐래도 자식 농사는 잘 지었다 소리 들을 만했다.


그때 팔고 남아 집에 가지고 온 채소를 우리 형제들은

정말이지 소같이 지겹게 먹었다. 그래서 지금 모두가 위와 장이 건강하다.

내가 직장생활을 끝내던 해 어머니는 89세로 세상을 하직했다. 당시에는 몰랐는데 날이 갈수록 그 은혜에 감사하게 되고 그립고, 생전 잘해드리지 못한 미안함으로 나의 피난처 「퀘렌시아」에 어머니의 사진을 두고 교감을 나눈다.

식당 메뉴를 최종 소고기 국밥으로 결정하게 된 것도 돌아가시기 전 마지막 병원 입원의 어느 날 "입맛이 없구나. 소고기 국밥을 먹고 싶다." 유언처럼 한 그 부탁에 영감을 받은 것이다.

개업 초창기 식당일에 지치고 막막할 때 어머니를 수호천사로 모시고 기도를 하며 견뎌냈다.

– 내가 오늘도 고개를 젖혀 하늘을 볼 수 있음에 감사하는 것이 내 어머니가 만약 짐승이나 벌레였다면(두더지나 바퀴벌레) 나는 어떻게 될 뻔했나. 저 푸른 하늘도 평생 못 보고 짧은 생을 마감했어야지 않나.

이것 하나만 해도 사람으로 태어나게 해준 어머니의 은혜에 감사한다 –

## 16.
# 메멘토 모리

　라틴어 문구로 「메멘토 모리」, 우리에게는 「화무십일홍」
이 있다.


　내 나이 어느덧 칠십 중반에 이르니 많은 죽음을 보아
왔다. 남자는 평소 건강해도 90 넘긴 사람 보기 어렵고 여
자는 90은 넘기되 저승대기소 요양원에 가면 많이 볼 수
있다.

　돈 많은 노랭이 영감도, 기골이 장대한 멋쟁이 노인도,
처녀적 뭇총각들 애간장을 태우던 이쁜이 할멈도 90을 전
후로 어김없이 갔다. 앞서거니 뒷서거니 하며 간다.

　우리 식당 골목에서도 여럿이 소리 소문도 없이 세상을
떠났다. 먹는 거는 부실한데 냅다 소주만 맨날 들이키니
몸이 당해낼 재간이 있나. 술에는 장사가 없다.

내 나이 또래 학교 동기와 직장 동료들도 많이들 갔다. 생전 모습은 생생한데, 얼마 전까지도 만나서 밥도 먹고 했는데 지금은 사라졌다. 그리고 잊혀졌다. 제법 친하게 지냈는데도- 어디로 갔는지 알 수가 없다. 천국인지, 지옥인지 아니면 연옥에서 떠도는지.

오늘도 길거리에서 붉은 띠를 두르고 손 마이크로 "예수천국 불신지옥"을 외쳐대는 맹신도는 뭘 알기는 하는지 모르겠다. 신부님도, 목사님도, 스님도 사후의 세계를 모르는 것 같다. 이 세상 너머 천국이 있고 극락이 있다면 예수님 뵈러, 부처님 뵈러 때가 되면 퍼뜩 가야 되는데 한사코 이 속세에서 버티려고 하는 것을 보면 '개똥 밭에 굴러도 이승이 낫다'는 말이 맞는 건가?

한 번은 가야 할 길인 것은 분명한데 문제는 어떤 향기를 남기고 가느냐 바로 이것이 문제로다.

· Memento mori - 죽는다는 것을 기억하라. 어떻게 살 것인가
· 花無十日紅 - 권력이나 부귀 영화는 오래가지 못한다. 잠깐임을 기억하라.

이쯤에서 나도 사전 약식 유언장을 남길까 한다. 어느 날 갑자기 세상과 작별할 수도 있고, 치매가 와 의사결정이 어려울 경우에 대비하여

1. 위급상황이 오더라도 연명치료는 거부한다.
   (사전 연명치료 의향서 등록은 완료)
2 화장 후 분골은 부산 수영만의 해양장을 원한다.
3. 국가보훈처에 신고한다.(국가유공자 말소)
4. 남겨진 유산이 있다면 법적상속에 따른다.

## 17.

# 후배의 앞날을 축복하며

친애하는 후배 A, 우리 대화체로 해도 괜찮겠지? 회사 생활 정년을 꽉 채우고 퇴직을 하게 되었다는 자네를 맞아 그날 국밥 한 그릇 나누며 그냥 "그간 고생했다. 시원 섭섭하지? 아무튼 축하한다." 이 말 외 달리 할 말이 없었단다.

그런데 인생 선배로, 직장 선배로, 퇴직 후 사회 선배로서의 내가 아끼던 후배의 제2의 인생설계에 그저 어떻게 하나 지켜만 본다는 것은 선배 도리가 아니겠지? 알아서 잘 하겠지만은 노파심에서, 혹시나 도움이 될까 싶어 나의 경험에 기초해 몇 마디 조언을 줄까 한다.

먼저 미리 알고 명심해야 될 것이 있는데 뭔고 하니 건강한 A는 앞으로 최소 30년 ~ 최대 40년을 더 살아야 된다는 거야. 이제까지 직장생활 한 것보다 더 긴 세월일 수도 있지. 그러니 조급하게 생각 말고 찬찬히 남은 세월 설계를 해 보자꾸나. 지금은 후반전을 대비한 하프타임이니까 하나하나 나열해볼까?

1. 머릿속을 깨끗이 비워 놓는 일. 직장에서의 잡다한 업무, 쌓인 스트레스, 안 좋았던 인간관계를 기억에서 지우고 새로운, 신나는 걸로 가득 채울 준비를 하자.

2. 자신의 노고를 스스로 치하하기. 그동안 건강하게 오랫동안 직장생활 잘해온 자신에게 감사하고, 그 포상으로 이제부터라도 자신과 더 친해지고, 더 귀중하게 여기고, 더 근사하게 가꿔주기로 마음 먹기.

3. 현재의 자산을 리모델링하여 단순하게, 새롭게 판을 짜자. 정리할 것은 정리하고 새로운 포트폴리오를 구성하자.

4. 인간관계도 재정립하자. 진정으로 기쁨과 슬픔을 나눌 수 있는, 그래서 평생 우의(우정과 의리)를 다지며 함께 늙어갈 동지로 교제 범위를 압축하자. 부질없이 이 모임 저 모임, 기웃기웃 세월을 낭비하지 말기.

5. 당분간은(1년 정도) 인근의 도서관 출입을 생활화하자. 다양한 책, 잡지, 신문을 통해 세상 공부를 하고. 특히 인문학책, 즉 문학, 철학, 역사, 예술을 통해 인간의 삶, 사고 또는 인간다움에 관해 얕게나마 넓은 교양을 쌓자. 나이 들며 대단히 중요하다.

6. 부부 같이 여행을 많이 하자. 국내 곳곳을 두 발로 다녀보는 것은 물론, 경제가 허락하는 한 배낭 매고 세계 곳곳을 다녀보자. 늙으면 건강 때문에 제한받으니 더 늙기 전에 실행하자. 노년에 부부같이 편안한 여행 파트너가 없다.

7. 외국어 회화 하나는 훈련해보자. 치매 예방에도 도움(하지만 나는 일본어도, 영어도 해 봤는데 재능이 없어 늘지가 않았음)

8. 취미를 살리자. 숨겨진 잠재 능력을 개발하기. 악기, 그림, 스포츠 등 (내 경우엔 하모니카, 우쿨렐레, 드로잉 스케치)
고전음악(클래식) 감상은 강력추천!

9. 봉사활동을 해보자. 다양한 봉사거리 중 내 능력에 맞는 활동을 통해 남을 돕는 기쁨을 맛보자. (나의 경우 교회 식당 봉사. 말기암 환자 호스피스)

10. 종교 신앙 생활에도 관심을 갖자. 좋은 사람들과의 새로운 친교의 기회도 있다. 사찰의 템플 스테이는 종교를 떠나 한 번쯤은 경험을 해보자.

11. 가족과의 화목을 돈독히 하자. 나이 들수록 배우자는 최고로 좋은 친구가 된다. 잘해주자. 가족들과 모임도 자주 갖고 대화를 많이 하며 늦게라도 가화만사성(家和萬事成)임을 깨닫자.

12. 신체 단련을 게을리 말자. 워킹, 체조, 자전거, 등산 등 가급적 부부 동반으로 하자. 나만 건강하면 뭐 하나, 배우자가 건강을 잃으면 가족 모두가 웃음을 잃는다.

13. 그리고 틈틈이 실업수당 끝나고 경제활동을 위한 준비를 하자. 자격증 취득, 기술(기능) 배우기.
    1) 내가 잘할 수 있는 일
    2) 내가 좋아하는 일
    3) 지속 가능한 일
    사실 경제 활동 중에서 폼도 나고, 돈도 벌고, 시간도 적게 쓰는 일은 별로 없겠지만 독하게 마음먹고 남들이 어려워하고 피하는 3D 일도 마다하지 않는다면 자영업이든, 월급쟁이든 도처에 널려 있으니 돈벌이는 걱정 안 해도 된다.


14. 남은 인생 생각하며 살자. 자주 숲속을 산책하며 자신과 많은

대화를 나누기. 특히 "나의 존재의 이유는 무엇인가" "나는 어

디로 가고 있는가" "내가 꿈꾸는 그곳은 어디인가"

철학이 있는 삶이 우리의 세계를 더욱 풍요롭게 하리라 믿네.

## 나오며

이 책의 원고를 만들면서 도중에 몇 번이나 망설였습니다. 지나온 10년 나의 장사경험, 뭐 대단한 것도 아닌데 세상에 공개할 만한 가치가 있을까? 극심한 독서 빈곤시대에 누가 이 촌스런 괴짜 노인의 이야기에 귀 기울여 줄까? 새로 창업하려는 초보들에게 도움이 될까? 힘든 처지의 자영업자들에게 위로가 될까? 내 딴엔 진심을 담아 정성을 기울인 이 작은 책이 비록 단 10명만이라도 팔자를 고쳐 줄 수 있다면 보람이 있는 거 아닐까? 그래 끝까지 완성하고 심판을 받자.

그렇게 구상 1년, 집필 1년. 2년의 인고가 필요했습니다. 글을 쓰며 지난 세월을 되돌아보니 가수 김도향의 노래 〈난 바보처럼 살았군요〉가 바로 나의 노래였습니다.

그래요, 난 참 바보처럼 살았지요. 인생 패색이 짙은 9회말 2아웃에 죽기 살기로 휘두른 만루홈런 한 방으로 대역전을 이룬 극적인 드라마는 이 바보를 불쌍히 여긴 하늘의 선물이요, 은혜임이 분명합니다. 결단코 바보의 노력과 재능이 아니고요. 만고의 진리를 새삼 깨닫습니다.

"하늘은 스스로 돕는 자를 돕는다." 인간이 노력만 하면 하늘이 운이라는 상급의 명목으로 7을 채워주어 10이 완성된다는 것을 나는 직접 경험했습니다.

이 땅의 자영업자, 특히 식당을 경영하는 사람들은 너나 할 것 없이 모두 외롭고 고달픈 사람들입니다. 어디 의지할 데도 없고 어려울 때 하소연할 데도 없습니다. 정신 바짝 차리고 바른 마음 먹고 죽기 살기로 열심히 하면 하늘이 도와 인생역전이 가능하다는 것이 이 책에서 일관되게 던지는 이 바보의 메시지입니다.

부제로 '따라하면 십중팔구 대박인생'으로 했는데 밑져야 본전이니 제대로 한번 따라 해 보시지요. 비록 대박은 안 될지라도 쪽박은 차지 않을 것입니다.

마지막 인사로 끝맺겠습니다.

이 험난한 바닥에서 살아 남은 건 다 하늘에 계신 하나님과 수호천사 어머님, 아무 것도 모르는 사장을 도와 열심히 일해준 직원들, 부족한 음식일지라도 맛있게 드시고 입소문 내주신 단골 손님들 덕분입니다.

감사의 마음으로 이 책을 바칩니다.

# 사람 향기 나는 장사 이야기

**권선복**
(도서출판 행복에너지 대표이사)

'음식 장사'는 장사의 꽃이라고들 합니다. 이러한 이미지로 많은 사람들이 첫 창업으로 요식업에 도전하곤 하지만 성공하는 사람은 10%도 채 되지 않는 것 역시 현실입니다. 그렇다면 요식업 창업에 도전하려면 어떤 마음가짐이 필요할까요? 이 책 『뚝배기 속의 사랑 한가득』은 많은 은퇴세대 가장들이 그렇듯 회사에 모든 열정을 바치며 살아오다가 갑작스럽게 은퇴에 마주한 저자의 국밥집 창업 도전과 성공의 에피소드를 이야기하고 있는 책입니다.

얼핏 딱딱한 창업전략과 성공담을 엮은 책일 것처럼 여겨집니다. 하지만 책을 펼쳐 본다면, 성공 이전에 진하게 느껴지는 '사람의 향기'에 놀라게 될 것입니다. 보험회사 임원으로 퇴직 후 '하루 벌어 하루 살아가는' 사람들이 모이는 곳에 국밥집을 개업하고, 소위 노가다꾼이라 불리는 건설 일용직원 및 노숙인, 유흥가 사람들, 때로는 거리의 건달들과 부대끼면서도 인간적인 정과 유머를 잊지 않고 '사람을 먹여 살리는 장사를 한다'는 마음가짐으로 조금씩 성공을 일궈 나간 황보근수 저자의 일화는 읽기 편하면서도 유머러스하고, 가벼우면서도 따뜻한 감성이 깊이 느껴집니다. 여기에 더해 요식업에 도전하는 비슷한 입장의 사람들을 위한 실용적인 조언 역시 잊지 않고 있으니, 일반 독자들에게는 따뜻한 감동을, 창업을 하려는 분들에게 유익한 길라잡이가 되어 주리라 믿어 의심치 않으며 독자들에게 기운찬 행복에너지와 함께 저자의 선한 영향력이 대한민국 방방곡곡에 전파되기를 기원드립니다.

'행복에너지'의 해피 대한민국 프로젝트!

<모교 책 보내기 운동> <군부대 책 보내기 운동>

한 권의 책은 한 사람의 인생을 바꾸는 힘을 가지고 있습니다. 한 사람의 인생이 바뀌면 한 나라의 국운이 바뀝니다. 그럼에도 불구하고 많은 학교의 도서관이 가난하며 나라를 지키는 군인들은 사회와 단절되어 자기계발을 하기 어렵습니다. 저희 행복에너지에서는 베스트셀러와 각종 기관에서 우수도서로 선정된 도서를 중심으로 <모교 책 보내기 운동>과 <군부대 책 보내기 운동>을 펼치고 있습니다. 책을 제공해 주시면 수요기관에서 감사장과 함께 기부금 영수증을 받을 수 있어 좋은 일에 따르는 적절한 세액 공제의 혜택도 뒤따르게 됩니다. 대한민국의 미래, 젊은이들에게 좋은 책을 보내주십시오. 독자 여러분의 자랑스러운 모교와 군부대에 보내진 한 권의 책은 더 크게 성장할 대한민국의 발판이 될 것입니다.

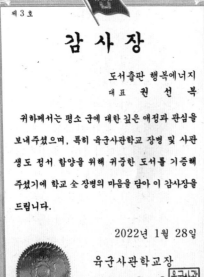